Oper
Einführung

Der Autor

Meinhard Saremba ist als Übersetzer, Dozent und musikwissenschaftlicher Publizist tätig. Er verfasste unter anderem die Bücher *Arthur Sullivan – Ein Komponistenleben im viktorianischen England* (Wilhelmshaven 1993), *Elgar, Britten & Co. – Eine Geschichte der britischen Musik in zwölf Potraits* (St. Gallen-Zürich 1994) und *Leoš Janáček – Zeit, Leben, Werk, Wirkung* (Kassel 2001). Zudem publizierte er in Fachzeitschriften und auch in *Pipers Enzyklopädie des Musiktheaters*, *Metzlers Komponistenlexikon* und *Die Musik in Geschichte und Gegenwart* (*MGG*).

Meinhard Saremba

Oper
Einführung

ldib
Verlag

Bibliografische Information der
Deutschen Nationalbibliothek
Die Deutsche Nationalbibliothek verzeichnet diese
Publikation in der Deutschen Nationalbibliografie;
detaillierte bibliografische Daten sind im Internet
über http://dnb.ddb.de abrufbar.

Lerchenstraße 37, 45134 Essen
www.oldib-verlag.de, info@oldib-verlag.de
Umschlaggestaltung: Oliver Bidlo

Druck: BoD GmbH, Norderstedt

ISBN 978-3-939556-19-0

Inhalt

Gesang entsteht aus der Hilflosigkeit der Sprache.
(Hans Neuenfels, Interview 1998)

Die Oper ist ein unmögliches Kunstwerk.
(Oscar Bie, Die Oper, 1919)

Es gibt kaum einen Widerspruch, der nicht von Nutzen wäre.
(Gottfried Wilhelm Leibniz, Brief vom September 1695)

Kultur ist Reichtum an Problemen
(Egon Friedell, Kulturgeschichte der Neuzeit, 1927-31)

Was bleibt von der Kunst? Wir als Geänderte bleiben.
(Robert Musil, 1880-1942)

1. Dechiffrierung einer Kunstgattung

Beim Sängerwettstreit in Wagners *Tannhäuser* ergeht die Aufforderung an die Teilnehmer, der Liebe Wesen zu ergründen. Die Liebe – das ist *eines* der zentralen Themen in Opern. Wie abgedroschen, möchte man meinen, wie banal. Doch im 2. Akt dieser Oper ist die Bandbreite der Deutungen durch die Herren Minnesänger so gegensätzlich, dass es beinahe zu gewalttätigen Auseinandersetzungen kommt. Mit dieser Themenwahl unterscheidet sich die Oper kaum vom Kino. Komponisten, die in früheren Zeiten wahrscheinlich für das Musiktheater geschrieben hätten, verdienten im 20. Jahrhundert ihr Geld mit Filmmusik (Künstler der „Übergangszeit“ wie etwa Korngold arbeiteten sogar in beiden Metiers). Doch wie der Film lebt auch die Oper nicht allein von der Liebe. Natürlich sind Überlegungen zum Wesen der Oper nicht neu. Dass auch sie mitunter zu Streit und heftigen Differenzen führen, zeigt, dass man nicht allgemein über „die Oper“ sprechen kann. „Oper“ bezeichnet eine Kunstform mit völlig unterschiedlichen Ausprägungen, jeweils abhängig von der Epoche, dem Land und dem Temperament des Komponisten. Monteverdi und Verdi trennen Welten. Jemand, der an Wagners Opern keinen Gefallen findet, mag sich letztlich für die Opern der Barockzeit begeistern, wobei es selbst in dieser Epoche bedeutsame individuelle Unterschiede zwischen England, Italien und Frankreich gibt. Und in neuerer Zeit finden sich Gestaltungselemente der Oper in den unterschiedlichsten Ausprägungen des Musiktheaters. Anders als ein Kinobesuch verlangt die Oper einem Zuschauer mehr ab: Man sollte sie nie unvorbereitet besuchen, sondern vorab zumindest eine Inhaltsangabe studiert haben, um dem Geschehen halbwegs folgen zu können (obgleich Obertitelungsanlagen dies heute teilweise erleichtern). Bei der Oper ist die Entwicklung des Geschehens mitunter wichtiger als der Ausgang. Doch ähnlich wie beim Film kann man erst zu einem tieferen Verständnis gelangen, wenn man zum Beispiel vorab das Buch gelesen hat (das verfilmt bzw. „veropert“ wurde) oder das Theaterstück kennt (auf dem der Film bzw. die Oper basiert). Zudem ist es empfehlenswert, Hintergrundwissen bezüglich der Epoche und der „Macher“ zu haben, denn der Genuss an der Darbietung

wird größer, je mehr man in der Lage ist, Zusammenhänge zu erkennen und Einzelheiten zu würdigen. Wie bei einer Stadtbesichtigung erfasst man nur das vollends, was man weiß. Die hier näher erläuterten Stücke stellen Werke vor, die für die verschiedenen Ausprägungen der Oper und für die Komponisten charakteristisch sind. Der Zugang zur Oper, der in diesem Band geboten wird, ist ein dramaturgisch-historischer. Diese Perspektive beleuchtet nicht die Aufführungsgeschichte, die mehr Nachahmung statt auf Quellenstudien beruhende Interpretation bietet – nicht zu unrecht beklagte bereits der Komponist und Operndirektor Gustav Mahler: „Was ihr Theaterleute euere Tradition nennt, das ist nichts anderes als euere Bequemlichkeit und Schlamperei.“[1] Vielmehr stellt sie den zeitlichen Kontext und die konzeptionellen Grundlagen in den Vordergrund. Welchen Hintergrund liefern uns Informationen über die Epoche? Was sagt uns die Musik, was der Komponist?
All dies trägt dazu bei, unter die Oberfläche zu schauen. Dadurch werden jene Aspekte deutlich, die veranschaulichen, warum es sich lohnt, auch heute noch in die Oper zu gehen. Und auch warum Oper weiterhin mit öffentlichen Mitteln gefördert werden muss; denn sie ist – wenn man sich darauf einlässt – eine der inspirierendsten Kunstformen überhaupt und ein bedeutendes kulturelles Erbe der Menschheit. Oper ist aber auch die anstrengendste Kunstform, die man sich denken kann – sowohl für die beteiligten Interpreten als auch für die Rezipienten. Sie umfasst und vereint die Literatur, die Malerei, die bildende und darstellende Kunst, die Musik, die Historie und die Kulturgeschichte. Nicht zuletzt ist Oper eine sinnstiftende Vereinigung von Gegensätzen. Darüber hinaus ist Oper eine Bühnenkunst und sollte auch als solche erlebt werden. Zur Vor- oder Nachbereitung oder einfach zum Vergnügen ist eine Einspielung geeignet. Alle der hier näher besprochenen Werke sind in Gesamtaufnahmen auf CD oder DVD erhältlich. Aber dennoch sollte man sich bewusst sein, dass ein Tonträger sich zum Theatererlebnis verhält wie eine Ansichtskarte zur realen Landschaft: Das wahre Ereignis, für das eine Opernkomposition gedacht ist, kann man nur an *einem* Ort genießen: Im Theater!
Bei Opernbesuchen wird man sowohl bei musikalischen als auch szenischen Interpretationen erhebliche Unterschiede feststellen. In musikalischer Hinsicht sind diese umso gravierender, je älter das Werk ist, weil die Quellenlage bei früheren Jahrhunderten

nicht so reichhaltig ist. Die szenischen Lösungen, die angeboten werden, hinterlassen mitunter Fragezeichen, weil es im Gegensatz zu einigen modernen Musicals keine vertraglich festgelegten Inszenierungsstandards gibt. Wie eine Umsetzung aussehen soll, ist bei Opern szenisch viel weniger festgelegt als bei der Musik. Der häufig verwendete Ausdruck „Regie-Theater" ist indes ein polemischer Begriff, der von manchen Besuchern heute oft *gegen* Inszenierungen verwendet wird, sobald man nicht das geboten bekommt, was man erwartet. Doch *Regie* hat es immer gegeben, auch wenn sie in früheren Jahrhunderten mehr für die Koordination von Bühnenabläufen sorgte als für eine Interpretation durch Bühnenbild und Darstellung. Erst im 20. Jahrhundert hat sich die Regie zu einer eigenen Kunstform entwickelt. Spätestens nach dem Ende der europäischen Kaiserreiche kam es durch den Zusammenbruch der feudalen Strukturen infolge des Ersten Weltkriegs auch zu einer Demokratisierung und einem vom Schauspiel inspirierten neuen Durchdenken der „alten" Opernstoffe.[2] So provozierend Operninszenierungen heutzutage mitunter erscheinen mögen, sie reizen auch die Deutungsmöglichkeiten von Opern aus und „provozieren" im ursprünglichen Sinne des Wortes: *provokare* bedeutet „hervorlocken" und hervorgelockt werden sollen nicht nur Reaktionen der Zuschauer, sondern auch weniger offensichtliche Bedeutungen, die durch eine zu naturalistische und eine zu vordergründige Darstellungsweise verschüttet werden. Ein praktisches Beispiel: Eine Produktion von Puccinis Oper *Turandot* (mit der berühmten Arie „Nessun dorma"), die das Werk in bunten Kostümen und einem mit Chinoiserien überladenen Bühnenbild präsentiert, bebildert das Werk lediglich – doch um die psychologischen Hintergründe und die Epochenbezüge von Handlung und Entstehungszeit zu verdeutlichen, ist eine auf wenige Bildchiffren reduzierte Szenerie mitunter viel eher geeignet (auch im Film gibt es mit Richard Loncraines *Richard III* oder Baz Luhrmanns *Romeo and Juliet* gelungene aktualisierte Umsetzungen von Jahrhunderte alten Dramen.)
Der Einwand, man „modernisiere" ein altes Stück, lasse aber die „alte" Musik unangetastet, verkennt völlig, dass die Musik schon längst *vor* der optischen Umsetzung der Zeit angepasst wurde. Bereits im 19. Jahrhundert wurde Mozart mit größeren, im „romantischen" Stil spielenden Orchestern aufgeführt und noch heute bieten Orchester die „alte" Musik mit modernen Instrumenten (u. a. Geigen mit Stahl- statt Darmsaiten, Trompeten statt Kor-

nett, Tuba statt Ophikleide usw.) und den heute üblichen Orchesteraufstellungen, anstatt z. B. wie im 19. Jahrhundert üblich, die ersten und zweiten Geigen links und rechts vom Dirigenten zu setzen, was zu einem besser verschmelzenden, homogeneren Klangbild führt. Zudem hat sich der Gesangsstil mittlerweile verändert (bei „authentischen" Darbietungen von Opern bis in die 1830er Jahre hinein müssten Spitzentöne im Falsett statt mit Bruststimme gesungen werden) und nicht zuletzt hat sich die Körperlichkeit und das Auftreten von Sängerinnen und Sängern heutzutage völlig gewandelt.

Handlungsorte und -zeiten von Opern sind weder mit historischen Fakten noch mit Details der Epoche vollends in Einklang zu bringen, sodass beispielsweise sogenannte „Aufführungen an Originalschauplätzen" à la „*Aida* unter den Pyramiden" nichts als Touristenspektakel sind, um die Kassen zu füllen. Letztlich hat diese Pseudo-Authentizität mit den Inhalten kaum etwas zu tun. Mitunter enthalten Szenenanweisungen aber versteckte Ansätze zur Inszenierung. Wenn Wagner in *Das Rheingold* zu Beginn den Hinweis gibt: „Der Rhein fließt von rechts nach links über die Bühne...", signalisiert er, dass er in seiner Tetralogie *Der Ring des Nibelungen* eine Sicht auf die Zustände in Deutschland von außen liefert, denn wenn man (wie Wagner zeitweilig) in Frankreich ist, sieht man diese Fließrichtung des sagenumwobenen Stroms. Seltsamerweise verursacht die Oper selbst keine Irritation durch die werk-immanenten Widersprüche von Inhalt, Text und Musik: Die Handlung von Verdis Oper *Falstaff*, uraufgeführt 1893, spielt im England des 16. Jahrhunderts; Protagonisten, die in Windsor, also in England leben, kommunizieren *singend* auf Italienisch zu einer Musik, die eindeutig in die Gegenwart des Komponisten gehört und nicht in die des Schöpfers der Schauspielvorlage, nämlich Shakespeare. Die Oper ist dergestalt eine Kunst der Widersprüche. Wie also soll man heutzutage damit umgehen? Das Stück aus Verdis Gegenwart heraus zu interpretieren ist genauso legitim wie Elemente der Shakespeare-Zeit einfließen zu lassen. Und da sowohl Shakespeare als auch Verdi den Stoff aus ihrer Epoche heraus verstanden, ist es nicht minder gerechtfertigt, das Werk aus *unserer* heutigen Sicht zu durchleuchten: Wenn Verdi nicht den Versuch unternahm, musikalisch zu „historisieren" (wie z. B. Vaughan Williams 1929 mit *Sir John in Love*) und seine Gegenwart als Bezugspunkt wählte, können auch wir die eigene Gegenwart als Ausgangspunkt der Betrachtung nehmen (nicht zuletzt enthält *Falstaff* „zurückschauende“ Elemente aus anderen Shakespeare-Stücken, nicht nur aus *Die lustigen Weiber von Windsor*, sowie Anspielungen auf andere Opern Verdis). Das Provozieren gehört zum Wesen der Oper. Schon die ersten Opern provozierten durch ihren neuartigen, gewagten Umgang mit den bekannten Legenden. Allein die Szene, in der Orpheus in Monteverdis *Orfeo* den Fährmann Charon mit seinem Gesang umgarnt, damit er ihn auf seinem Boot in die den Menschen eigentlich verbotene Unterwelt mitnimmt, stellt durch ihre Veranschaulichung und das Hörbarmachen eines über Jahrhunderte lediglich imaginierten Ideals eine Ungeheuerlichkeit dar: Mit diesen konkreten Klängen wird der Mensch zum Gestalter seines Schicksals. Durch die Musik der Oper haben wir seit Beginn des 17. Jahrhunderts erstmals unmittelbaren Einblick in sein Seelenleben.

Die Themen der Oper

Jeder Kinobesucher von heute wäre vor 200 Jahren wahrscheinlich mit der gleichen Leidenschaft in die Oper gegangen, denn das Musiktheater war zu diesem Zeitpunkt *die* Unterhaltungsform und *das* kulturelle Leitmedium schlechthin. Bezeichnenderweise fällt der allmähliche Abgesang der Oper mit dem zunehmenden Erfolg des Tonfilms in den 1930er Jahren zusammen, der sich mit der Verbindung von Wort, Bild und Musik bis heute mitunter der gleichen Stilmittel bedient. Potenzielle Opernbesucher wurden zu begeisterten Kinogängern, weil diese Ware leichter zu konsumieren war. Oper galt zunehmend als schwierig und „elitär“, was sie in ihren Anfangszeiten auch war. Sie ist, wie nun auch der Film nach über hundert Jahren, eine Kunstform mit Geschichtsbewusstsein. Doch im Gegensatz zum Film boten Opern schon lange vor der Entwicklung der Psychoanalyse psychologisch ausgefeilte Charakterstudien. Das, was Freud beispielsweise eine „Fehlleistung“ nennt – also eine Äußerung, bei dem der eigentliche Gedanke bzw. die Intention der sprechenden Person unwillkürlich zu Tage tritt – findet sich schon bei Mozart in *Le Nozze di Figaro* beim Duett „Crudel! Perché finora“ (3. Akt, 2. Szene; Grausame! Warum hast Du mich bis heute so sehr leiden lassen?). Die Zofe Susanne will ihrem Herrn, dem Grafen Almaviva, mit einem fingierten Stelldichein eine Falle stellen. Nur zum Schein geht sie auf sein Werben ein, doch zwei Mal verrät sie dennoch ihren Widerwillen, als sie im

Rückfrage-Antwort-Wechselspiel der Musik auf „Verrai?“ (Du kommst doch?) einmal kurz „No!“ statt „Sì“ und auf „Non mi mancherai?“ (Du wirst mich doch nicht verfehlen?) „Sì!“ statt „No“ entgegnet, was sie auf sein Nachhaken hin erschrocken korrigiert, um sich nicht zu verraten.

Opern thematisieren die wesentlichen Modi des menschlichen Daseins. Diese Grundannahme geht weit über einen einseitigen literatur- oder musikwissenschaftlichen Ansatz hinaus, bei dem es häufig sehr allgemein „menschelt“, ohne dass konkret benannt wird, was denn etwa bei Mozart oder Verdi das Besondere ist. Zur Psychodynamik des Lebens gehören vier Grundkomponenten, die zur inneren Welt eines jeden gehören und mit denen sich jeder Mensch im Laufe seines Lebens auseinandersetzt: der Tod, die Freiheit, die Isolation und die Sinnlosigkeit.[3] Diese Konstanten stehen auch im Mittelpunkt von Opernhandlungen. Sie können wesentliche Aspekte des Ganzen sein, etwa wenn Paul in Korngolds *Die tote Stadt* (1920) nicht wahrhaben will, dass der Tod die Bedingung für ein authentisches Leben ist oder wenn in Verdis *Don Carlos* (1867) die Protagonisten auf die Katastrophe zusteuern, weil sie nicht erkennen, dass die im Stück vielfach beschworene Freiheit einhergeht mit Selbstkonstituierung und Verantwortung. Oder sie können wesentliche Stationen in der Charakterentwicklung sein, wenn beispielsweise in einem vermeintlich heiteren Stück wie Mozarts *Zauberflöte* (1791) Papageno und Pamina plötzlich kurz davor sind, Selbstmord zu begehen. In Brittens Oper *Peter Grimes* (1945) steht die Isolation eines gesellschaftlichen Außenseiters im Zentrum, während die Protagonisten in Verdis *Die Macht des Schicksals* (1862) versuchen, aus einem für sie sinnlos gewordenen Leben in klösterliche Abgeschiedenheit zu fliehen oder ihre innere Leere mit Tollkühnheit im Krieg bzw. nie endender Rachsucht befriedigen wollen. Diese Suche nach existenzieller Orientierung macht Opernfiguren „menschlich“ und die Musik hilft uns dabei, daran Anteil zu nehmen. Sei es bei verzweifelt Liebenden oder Hassenden, Ängstlichen, Leidenschaftlichen, Betrogenen, Irrenden, Passiven, Engagierten oder Sterbenden. So vielfältig die Opernstoffe sind, so bieten sie letztendlich eine Auseinandersetzung mit uns selbst.

2. Bestandteile der Oper

Die Oper ist eine Erfindung der Metropolen. Alle maßgeblichen Innovationsschübe im Musiktheater entstanden erst durch die Unterstützung einflussreicher Manager bzw. Impresarios, Mäzene oder Sponsoren. Die Oper war seit ihrer Entstehung angewiesen auf Protektion und Kapital.

Der Starkult ist eine Begleiterscheinung, nicht das Wesen der Oper. Sie wurde nicht entworfen für Freiluftaufführungen und auch nicht als eine Ansammlung ansprechender Arien und Ensembleszenen, die im klingenden Sammelsurium von „Gala"-Konzerten und „Best of"-CDs die Zeit vertreiben. Oper ist die dramatische Konstruktion von exemplarischen Vorgängen mittels Text, Darstellung und Musik, dargeboten in geschlossenen Räumen – sei es als große Oper in Theatern mit einem Bühnenraum, der fast so groß ist wie ein halbes Fußballfeld, und mit Sälen, die bis knapp 4000 Zuschauern fassen oder als Kammeroper mit kleinen Ensembles und Mini-Orchestern in Bauten bescheideneren Formats. Obwohl sie aus den unterschiedlichsten Komponenten zusammengefügt ist, handelt es sich bei einer Oper um eine dramatische Einheit mit Proportion und Form, die vorgegeben sind wie bei einer Sinfonie. Die Variationen dieser Grundgestalt sind, wie im sinfonischen Bereich, vielfältig. Die Rahmenstruktur einer Oper gliedert sich in Akte und Szenen. In der Binnenstruktur finden sich sogenannte „Nummern", also: Sologesänge (Arien), Zwiegespräche (Duette), Unterhaltungen von drei Personen (Terzette), Gruppenauseinandersetzungen (Quartette, Quintette, Ensembles, Chorszenen, Aktfinali) usw., die in der Regel durch Rezitative, also: Sprechgesang, miteinander verbunden sind. Ab Mitte des 19. Jahrhunderts löst sich die klare Nummernstruktur zunehmend auf, ist aber latent zumeist noch vorhanden. Beeinflusst von der Orchestermusik ging die Tendenz jedoch zunehmend hin zu einem durchgehenden Klangstrom.

Wie wir im nächsten Kapitel sehen werden, beeinflussten auch die Veränderungen der Instrumente und des Orchesters die Oper nachhaltig. Damit einher ging eine Veränderung des Gesangsstils. Die Gesangsfächer sind zum Teil so etwas wie die „Leitfossilien" der Oper. Das heißt, man kann an ihnen in etwa die Epoche erkennen, in der die Oper entstanden ist. Eine für einen Kastraten

geschriebene, heute zumeist mit Countertenören besetzte Liebhaber- oder Heldenrolle verweist auf die Barockzeit, auch wenn Mozart, Rossini und Meyerbeer gelegentlich noch Partien für diesen Stimmtypus schrieben. Belcanto-Partien sind charakteristisch für die italienische Oper in der ersten Hälfte des 19. Jahrhunderts, während Gesangspartien wie beispielsweise hochdramatischer Sopran (z. B. Isolde) oder Heldentenor (z. B. Tristan, Siegfried oder Otello) eher zur zweiten Hälfte des 19. Jahrhunderts und später gehören (wobei der deutsche Begriff „Heldentenor" unpassend erscheint für einen Protagonisten, der zumeist scheitert; der englische Terminus „dramatic tenor" oder das italienische „tenore di forza" bzw. „tenore robusto" ist passender). Ein „Spinto-Tenor" (dt. mitunter: jugendlicher Heldentenor) findet sich vor allem in Opern ab Mitte des 19. Jahrhunderts in dramatischen Rollen, die aber noch einer gewissen Eleganz und Flexibilität bedürfen. Lyrische Tenöre eignen sich vor allem für Rollen von Monteverdi über Mozart bis Bellini. Entsprechend hört man lyrische Soprane vornehmlich in Partien bis zu Beginn des 19. Jahrhunderts, während später bei den dramatischeren Partien Spinto-Soprane zum Einsatz kommen (z. B. die Leonoren in Verdis *Il Trovatore* von 1851 oder *La Forza del Destino* von 1862). In den späten Opern Donizettis und dann vor allem bei Verdi finden sich ausgeprägte Partien für das mittlere männliche Stimmfach: den Bariton. In Werken wie *Macbeth* (1847), *Rigoletto* (1851) und *Falstaff* (1893) komponierte Verdi grandiose Titelrollen für Baritone. Der Bass, das tiefste männliche Stimmfach, ist zumeist älteren Personen oder Würdenträgern vorbehalten; insbesondere die russische Oper bietet dafür imposante Partien (z. B. in Mussorgskis *Boris Godunow*).
Natürlich findet sich heute niemand mehr, der sich durch einen unmenschlichen operativen Eingriff in Jugendjahren die Möglichkeit offen halten will, sich zum Kastraten zu entwickeln.[4] Doch die Faszination des Klangs einer hohen Männerstimme blieb. Seit dem 20. Jahrhundert gibt es wieder vermehrt Countertenöre bzw. männliche Altsänger (von lat. *altus* = „hoch, hell"), also Interpreten, die in der Lage sind, durch eine mit Brustresonanz verstärkte Kopfstimmen- bzw. Falsett-Technik in der Alt- oder Sopranlage zu singen. Komponisten wie Britten oder Reimann haben mit dem Elfenkönig Oberon (in *The Midsummer Night's Dream*) oder Edgar (in *Lear*) exponierte Opernpartien für sie komponiert, sie werden aber bevorzugt in Aufführungen von

Barock- und Renaissance-Opern eingesetzt. Dies ist eine überzeugendere Lösung, als Kastratenrollen, die ja für Männer gedacht waren, mit Frauen zu besetzen.
Jede Epoche hat ihre bedeutenden Sängerinnen und Sänger. Trotz eingeschränkter Tonqualität erfährt man durch historische Aufnahmen mitunter einiges über die Entwicklungen der Interpretation. Beispielweise gibt es noch Aufnahmen vom letzten Kastraten Alessandro Moreschi (1858-1922) aus den Jahren 1902 und 1904, die einen Eindruck von der Virtuosität und dem großen Umfang dieses Stimmtypus vermitteln. Der Tenor Enrico Caruso (1873-1921) kannte viele Komponisten seiner Zeit persönlich – Giordano und Puccini schrieben Rollen für ihn. Ein Künstler wie Max Lorenz (1901-1975) verdeutlicht, mit welcher Verve sich Wagner-Sänger früherer Zeiten in ihre Partien stürzten und Maria Callas (1923-1977) machte sich nicht nur um die Wiederentdeckung der im 20. Jahrhundert vernachlässigten Belcanto-Opern Rossinis, Donizettis und Bellinis verdient, sondern bewies auch eindrücklich, wie man mit stimmlichen Ausdrucksmitteln bei Verdi und Puccini Charaktere gestaltet. Zudem dokumentieren Filmaufnahmen (z. B. von *Tosca*) ihre schauspielerischen Fähigkeiten und ihre Bühnenpräsenz. Der Dirigent Arturo Toscanini (1867-1957) spielte noch bis ins hohe Alter Opern des italienischen Repertoires ein, bei deren Uraufführung er selbst im Orchester mitgewirkt (1887 als Cellist in *Otello*) oder die er selbst geleitet hatte (1896 *La Bohéme* in Turin). Die Intensität seiner Interpretationen wird von kaum einer Stereo-Einspielung erreicht – wie auch jene des Dirigenten Renato Cellini (1912-1967), dessen Vater als Regisseur mit Toscanini zusammengearbeitet hatte. Die Oper war zwar in den Metropolen entstanden – selbst wenn einige dieser Orte vieles von ihrer früheren Bedeutung verloren haben mögen –, doch muss man heutzutage Oper nicht unbedingt in den Metropolen erleben. Natürlich ist die Wahrscheinlichkeit größer, dass eine Aufführung in Hamburg, Frankfurt oder Stuttgart besser ist als eine in Koblenz oder Oldenburg. Dennoch bestätigt die Erfahrung, dass man seine schlimmsten Opernerlebnisse an einem der renommiertesten Häuser wie der Wiener Staatsoper haben kann, wenn dort das Repertoire routinemäßig abgespult wird. Hingegen ist es möglich, in Hagen oder Bielefeld grandiose Aufführungen zu erleben, wenn der Gesamteindruck von Szene, Darstellung und einer engagierten musikalischen Darbietung die Oper in ihrem Kern erfasst – nämlich als dramatische Einheit, die

fesselt und berührt. Gesang ist *ein* wesentliches Element der Oper, der dramatische Impuls der andere: Opern erzählen Geschichten mit bestimmten Plot-Strukturen, die sich bis in die Antike zurückverfolgen lassen.[5]

Orpheus-Variationen – Männer für alle Tonlagen

Wollte man heutzutage eine völlig neue Kunstgattung schaffen, müsste man wenigstens zwei Mindestanforderungen erfüllen: Man braucht für die Auftaktveranstaltung etwas mit Symbolcharakter und man muss eine Absichtserklärung, ein „mission statement", formulieren. Der erste bedeutende Komponist der Operngeschichte lieferte genau dies: Er wählte mit dem Orpheus-Mythos als Hauptfigur einen Menschen, der in erster Linie durch seinen perfekten Gesang definiert ist, und schuf mit seiner Musik zu dessen Erlebnissen eine gleichnishafte, neuartige dramatische Form, eine „favola in musica", die grenzüberschreitenden Charakter besitzt. Der Begriff „favola" verdeutlicht zum einen, dass eine Fabel, eine Geschichte durch Musik erzählt wird. Darüber hinaus strebten italienische Musiker der damaligen Zeit an, „eine Art Musik einzuführen, in der man gleichsam musikalisch spricht" – „in armonia favellare".[6]

In der griechischen Antike ist Orpheus ein mythischer Königssohn aus Thrakien, der mit seinem wunderschönen Gesang das wilde Meer und die Tiere besänftigt und selbst Steine zum Erweichen bringt. Dem beliebten und erfolgsverwöhnten Künstler scheint alles im Leben zu gelingen, nicht zuletzt, als er in der Nymphe Euridice seine Traumfrau findet. Durch einen Unfall, in der Sage ein Schlangenbiss, verliert er seine Geliebte. Orpheus ist über ihren Tod verzweifelt und sein Klagen rührt die Götter. Und so wird ihm die einzigartige Gelegenheit geboten, sich in die Unterwelt zu begeben, um dort den Herrscher des Totenreichs zu bitten, ihm seine Frau Euridice zurückzugeben.

Die Menschen jener Epoche, in der die ersten Opern entstanden, waren fasziniert von der Antike. Zwar hatte man auch im Mittelalter nie völlig den Bezug zur antiken Welt verloren, doch dominierte die christliche Grundhaltung so stark, dass viele Motive der religiösen Sicht anverwandelt wurden. So erscheint Orpheus in frühchristlichen Wandmalereien als ein Vorabbild Christi. Archetypische Motive wie das Musizieren auf der Leier, das Zähmen wilder Tiere oder das Wiedererwecken von Toten tauchen auch in den Legenden um König David, Franziskus und Jesus wieder auf. In der Renaissance nun wandelt sich das Menschenbild grundlegend. Das Individuum erlangt ab dem 15. Jahrhundert ein davor unvorstellbares Selbstbewusstsein und durch neue Entdeckungen und Erkenntnisse – man denke nur an Galilei, Gutenberg und Kolumbus – werden die Grundlagen zur Neuzeit gelegt. In seiner 1496 veröffentlichten „Rede über die Würde des Menschen" (Oratio de hominis dignitate) lässt der Philosoph Giovanni Pico della Mirandola Gott folgende Worte an die „Krone der Schöpfung" richten: „Ich habe dich mitten in die Welt gesetzt, damit du um so leichter zu erblicken vermögest, was darin ist. Weder zum himmlischen noch zum irdischen, weder zum sterblichen noch zum unsterblichen Wesen habe ich dich geschaffen, sodass du als dein eigener Bildhauer dir selbst deine Züge meißeln kannst. Du kannst zum Tier entarten; aber du kannst dich auch aus dem freien Willen deines Geistes zum gottähnlichen Wesen wiedergebären."[7] Viele Opern bieten Variationen dieses Grundgedankens. Als Folge der neuen Einsichten lösen sich Gesellschaft und Wirtschaft zunehmend vom Einfluss der Kirche. In der Kunst überwiegt die Immanenz gegenüber metaphysischen Inhalten, die Sinnenwelt gegenüber Manifestationen dogmatischer Lehre. Das 14. bis 17. Jahrhundert, die – im Gegensatz zum großen christlich orientierten Kollektiv des Hochmittelalters – zunehmend geprägt sind durch das nationale und städtische Bürgertum, kennzeichnen ein wirtschaftlicher Rationalismus sowie der beginnende Kapitalismus und das vor allem dort, wo beide in ihrer stärksten Ausprägung zu finden sind, in Italien. Das Weltbild jener Zeit ist durchaus nicht bestimmt durch Ungläubigkeit. Es ist aber gekennzeichnet durch antiklerikale und alles andere als asketische Tendenzen. Die Zeit ist auch keineswegs autoritätsfeindlich, denn trotz vielfacher Angriffe gegen Kleriker bleibt die Kirche als Institution unangetastet. Doch in dem Maße, wie ihr Einfluss schwindet, gewinnen Kunst und Philosophie der Antike an Bedeutung und dienen als Reservoir für die Deutung und Gestaltung der Gegenwart.

Dafür kreieren führende Köpfe der damaligen Zeit aus den Intermedien des frühen 16. Jahrhunderts – den zusammenhanglosen, die feine Gesellschaft divertierenden Einlagen mit Musik, Tanz und Gesang – allmählich völlig neue Formen der Darstellung. In der sogenannten „Camerata Fiorentina" findet sich um 1580 in Florenz im Hause des Adeligen Giovanni Bardi, später auch bei Jacopo Corsi, ein Kreis von Intellektuellen zusammen, zu dem

Dichter, Philosophen und Musiker gehören. Hier entwickelt sich die Idee, zur Verdeutlichung antiker Texte die Musik heranzuziehen. Dadurch entstehen die ersten Prototypen der Oper, von denen aber nur bruchstückhaft Notenmaterial überliefert ist. Mit der von Corsi und Jacopo Peri entworfenen Musik wird 1597 die „favola drammatica" *La Daphne* aufgeführt und am 6. Oktober 1600 dann im Palazzo Pitti anlässlich der Hochzeit Heinrichs IV. von Frankreich mit der Prinzessin Maria de' Medici die „favola drammatica" *L'Euridice* mit der Musik von Peri und Giulio Caccini. Bei diesen und anderen frühen Werken – aus „opera", Werk, formt sich erst ab Mitte des 17. Jahrhunderts allmählich der Begriff Oper – handelt es sich keineswegs um „Musikdramen" im heutigen Sinne, sondern vielmehr um „kantatenhafte" Aneinanderreihungen von Chören und rezitierendem Singen, bei dem eher Bericht und Kommentar im Vordergrund stehen als musikdramatische Interaktion. Begleitet von wenigen Instrumentalisten wurde das Ganze in einem Saal mit eingeschränkten Aufführungsmöglichkeiten geboten.

Die Grundregel der Oper, dass wesentliche Inhalte durch Gesang und Musik vermittelt werden, ist dabei von Anfang an eine Herausforderung an Sinne und Verstand. Die ästhetische Legitimation der Illusion, das Sich-Mitteilen in Musik auf der Bühne als etwas völlig Natürliches erscheinen zu lassen, umreisst der Komponist Marco da Gagliano (1582-1643) auf folgende Weise: Wenn „Apoll die Lyra an die Brust setzt (was in anmutiger Weise geschehen muss), ist es notwendig, von der Lyra Apolls eine ungewöhnliche Musik erklingen zu lassen. Deshalb mögen sich vier Violaspieler (gleichviel, ob mit Arm- oder Knievioien) in einer der nächstgelegenen Kulissengassen aufstellen, wo sie wohl von Apoll, nicht aber vom Publikum erblickt werden können; sobald nun Apoll den Bogen auf die Lyra setzt, spielen sie die drei vorgeschriebenen Noten, doch mit gleichzeitiger Bogenführung wie mit einem Strich. Diese Täuschung kann, außer von Sachkennern, von niemandem bemerkt werden."[8] Abgesehen davon, dass die antike Lyra, die Leier, ein Zupf- und kein Streichinstrument ist, zeigt sich hier deutlich, dass die Oper von Beginn an als Illusionskunst konzipiert ist. Auf der Bühne wird eine eigene, in sich stimmige Welt erschaffen, die das Publikum in den Bann schlagen soll.

Der italienische Komponist Claudio Monteverdi (1567-1643) hat dies auf besonders eindringliche Weise umgesetzt. Er kann 1607 bei seinem *Orfeo* auf ein für damalige Verhältnisse opulent besetztes Orchester zurückgreifen, mit dem er unterschiedliche Klangsphären erschafft: Die pastorale Welt mit Orpheus, Euridice, Hirten und Nymphen charakterisieren Streicher, Cembalo, Chitarroni, Harfe und Continuo-Instrumente (der Basso continuo bzw. Generalbass begleitete als harmonisches Gerüst fortlaufend die Musik vor allem in der Barockmusik) und die Unterwelt ist gekennzeichnet durch die Klänge von dem trompetenartigen Zink, Zugposaunen und Orgel-Positiv.

Von Orpheus' Leiden und Leistungen wird hier nicht nur berichtet, wie in den vorangegangenen Prototypen der Oper, denn Monteverdis Orfeo erlebt, leidet und handelt unmittelbar *in* der und *durch* die Musik. Nicht allein der Text verleiht Orpheus' Vortrag Struktur, Gestalt und Charakter – es ist die Musik insgesamt, die dem Geschehen und den Figuren zu ihrem (Bühnen-)Leben verhilft. Doch sie ist kein Selbstzweck. Die Devise „che l'oratione sia padrona dell'armonia e non serva“ (der Vortrag soll Herr über die Harmonien sein und ihnen nicht dienen) bestimmte in der Renaissance weitgehend die Ausformung der Oper. Dies gestand den Interpreten viel Gestaltungsspielraum zu, weil sie das reduzierte melodische Grundgerüst nach eigenem Ermessen mit Verzierungen ausfüllen konnten. Erst zur Zeit Rossinis Anfang des 19. Jahrhunderts, als diese lange kultivierte Praxis zur Sängerwillkür ausgeartet war, sollte sich dies ändern und die Komponisten dafür Sorge tragen, dass die Partituren bis ins Detail präzise Hinweise zum Vortrag liefern.

Oper braucht die szenische Darstellbarkeit. Diesbezüglich ist *Orfeo* von Claudio Monteverdi, uraufgeführt im Februar 1607 in Mantua, die erste bedeutende Oper. Zwar gab es andere Beispiele für die neue Kunstform, mit *L' Euridice* war ja sieben Jahre zuvor sogar der gleiche Stoff behandelt worden, doch erst Monteverdi nutzte das volle Potenzial der Gattung. Lag bei dem früheren Versuch der Fokus noch auf dem Objekt der Liebe und dem „Stile rappresentativo“, also dem am Sprachrhythmus orientierten monodischen Vortrag, so bietet *Orfeo* eine reichhaltige Palette unterschiedlichster Musikformen. Aus dem, was bei Peri noch wie ein Pilotprojekt anmutete, macht Claudio Monteverdi eine veritable Kunstform.

Diese ersten Opern waren noch nicht einem Massenpublikum zugänglich, sondern wurden zunächst vor einem kleinen Kreis von jeweils etwa 100 bis 200 kulturell Interessierten – Fürsten, Dichter, Musiker, Wohlhabende – aufgeführt. Für diese schuf Monteverdi *Orfeo* als Auftragsarbeit. Nur wenige Komponisten konnten es sich im Laufe ihrer Karriere leisten, Opern ohne den Auftrag eines Herrscherhauses oder eines Theaters zu schreiben.

Was das Stück zeigen soll und was es bezweckt, wird unmissverständlich gleich zu Beginn der Oper deutlich: Nachdem eine einleitende Intrada mit Orgel, Trompete und Pauken die Besucher mit einer eingängigen Melodie zur Aufmerksamkeit gemahnt hat, betritt „La Musica" höchstpersönlich die Bühne. Diese allegorische Figur verkündet alsdann das Programm:

Io la Musica son, ch'ai dolci accenti so far tranquillo ogni turbato core, et hor di nobil ira, et hor d'amore poss'infiammar le più gelate menti. Io su cetera d'or cantando soglio mortal orecchio lusingar tal'hora, e in questa guisa a l'armonia sonora de la lira del Ciel più l'alme invoglio.	Ich bin die Musik, die auf zarte Weise Akzente zu setzen vermag, um gepeinigte Herzen zu besänftigen und mal mit noblem Zorn, mal mit Liebe auch die erkaltetsten Sinne zu entflammen weiß. Ich, indem ich zur Begleitung einer goldenen Lyra singe, bin es gewohnt, das Ohr der Sterblichen zu erfreuen und auf diese Weise die Seelen mit klangvollen Harmonien der himmlischen Lyra zu inspirieren.

An einem ähnlichen Kunstgriff hatte sich bereits Peri versucht, der allerdings „die Tragödie" zu dürftiger instrumentaler Begleitung auftreten ließ. Etwas Monteverdi Vergleichbares findet man dann erst fast 300 Jahre später wieder im Prolog zu Leoncavallos *I Pagliacci* (Der Bajazzo), in dem das „mission statement" für die neuartige veristische, d. h. der Wahrheit, dem Naturalismus verpflichteten Oper, vorgetragen wird. Musikalisch legt Monteverdi von Anfang an den Fundus fest, aus dem Opernkomponisten schöpfen können: Er verfeinert den Gesangsstil des „recitar cantando", des „singenden Erzählens", zu einer ungeahnten Natürlichkeit und Lebhaftigkeit. Zum Repertoire seiner Gestaltungselemente gehören Lied, Arie, Duett, Chorszene, Folklore und Tanz, die zu einer neuartigen Kunstform verschmelzen. Dass die Musik- und Theatergeschichte diese Entwicklung bereits im Hoch-Mittelalter hätte nehmen können, wäre undenkbar gewesen. Sie war nur möglich durch eine Geisteshaltung, die den Menschen als Einzelwesen wahrnimmt. Und sie bedurfte auch einer neuartigen Kompositionsweise. Jahrhundertelang war es üblich gewesen, bei eingeschränkter Chromatik Instrumental- oder Gesangsstimmen kunstvoll in strenger Polyphonie (Mehrstimmigkeit) und Kontrapunktik (Melodie mit gleichzeitiger „Gegenstimme“) zu führen. Textinhalte gingen in diesen komplexen Klanggebilden unter, sodass Monteverdi forderte, einen musikalischen Stil zu entwickeln, der dem Text selbst zur Geltung verhilft. Diese sogenannte „seconda prattica“ bedeutete einen aus damaliger Sicht hochmodernen, geradezu revolutionären Ansatz. In einem Brief erwähnte Monteverdi seine Absicht, ein Buch darüber zu schreiben: „Der Titel des Buches wird der folgende sein: *Die Melodie, oder die zweite musikalische Praxis*. Ich meine die zweite in der Reihenfolge des Erscheinens, also den modernen Stil, die erste in der Reihenfolge ist der alte Stil. Ich habe das Buch in drei Teile eingeteilt, die den drei Aspekten der Melodie entsprechen. Im ersten Teil diskutiere ich die Wortvertonung, im zweiten die Harmonie, und im dritten den rhythmischen Teil.“[9] Die zweite musikalische Praxis ist demnach eine satztechnische Besonderheit, bei der Polyphonie und Kontrapunkt zugunsten einer am Textgehalt orientierten musikalischen Ausgestaltung zurückstehen.[10] Im Jahre 1638 charakterisiert Monteverdi seinen Stil noch als „genere concitato“ (den aufgeregten, furiosen Stil). Die Dramatik einer *Monteverdi*- unterscheidet sich indes drastisch von der einer *Verdi*-Oper – sie trennen ja auch immerhin über 300 Jahre. Dennoch finden sich in dem Werk aus der Renaissance Passagen, die noch heute zu fesseln vermögen, vor allem sobald man auf Details achtet. Als Orpheus von einer Nymphe die Nachricht überbracht bekommt, dass Euridice von einer Schlange gebissen wurde, wird sein ungeduldiges Fragen von Cembalo und Cello begleitet, die bei den Worten der Nymphe aussetzen – bei ihr hört man den „zitternden“ Klang der lautenähnlichen Chitarrone und die Orgel (eines der Unterwelt-Instrumente). Ihre Phrase „La tua bella Euridice...“ (Deine schöne Euridice...) könnte vom melodischen Gestus her von Puccini stammen, doch plötzlich versagt ihre Stimme. Auf Nachfragen setzt sie neu an: „La tua diletta sposa...“ (Deine geliebte Frau...), worauf ein dissonanter Ton der Begleitinstrumente auf die schreckliche Wahrheit vorbereitet, noch bevor sie ausgesprochen wird: „...è morta“ (...ist tot). In einem bewegenden Gesang berichtet die Nymphe dann von den Geschehnissen und wie die sterbende Euridice mit ihren letzten Worten nach Orpheus rief. Dann lässt uns Monteverdi miterleben, wie Orpheus es wagt, als erster Mensch in das Totenreich vorzudringen. Er mobilisiert alle Energien, um allein mit der Ausdruckskraft seiner Stimme und der Gewandheit seines Gesangs den Fährmann Charon zu umgarnen, der die Verstorbenen gegen einen Obulus über den Totenfluss in das Reich des Hades bringt. Die Melodieführung erscheint schlicht, wird jedoch durch eine subtile Ornamentik kunstvoll ausgeschmückt. Zu Beginn von Orpheus Huldigungen an die mächtige Persönlichkeit verwendet Monteverdi Chitarrone und Orgel, also Instrumente der pastoralen und der unteren Welt, an deren Schwelle sich der Sänger befindet. Man hört Einwürfe der Violine, die Orpheus' Leier symbolisiert (die man damals, wie Gaglianos erwähnte Schilderung bereits zeigte, für ein Streichinstrument hielt). In der zweiten Strophe untermalen Zinken, die Unterwelt-Instrumente, den Gesang, weil von Euridices Tod die Rede ist und davon, dass Orpheus ohne sie nicht mehr weiterleben will. Wenn Orpheus in der dritten Strophe von einer Vereinigung mit ihr im Paradiese träumt, kommen Harfen zur Orgel hinzu als mächtige Klangchiffre für ein Beisammensein in einer besseren Welt. Letztlich wird Orpheus seine Bitte gewährt: Apoll gemahnt ihn im Finale an die Vergänglichkeit des irdischen Glücks, ermöglicht ihm aber, ihr schönes Ebenbild in der Sonne und den Sternen zu erschauen, bevor er mit ihm dann zu ihr in den Himmel auffährt, um wahre Tugend mit Freuden und Frieden zu belohnen, wie es im Text heißt.

Auch wenn sich das thematische Spektrum weitete, blieb der Orpheus-Mythos eine Konstante in der Operngeschichte. Diverse Auseinandersetzungen mit dem Stoff vermitteln bemerkenswerte Einblicke in den Opernstil verschiedener Epochen. Stand in der Renaissance der Mensch als schöpferisch tätiges Wesen im Mittelpunkt, so änderte sich der Fokus in den kommenden Jahrhunderten. Der Begriff „Barock" für die sich anschließende und etwa bis Mitte des 18. Jahrhunderts andauernde Epoche war zunächst eine in Frankreich aufgebrachte Schmähung für Kunstformen, die im Zeitalter des Absolutismus nicht dem vorherrschenden klassizistischen Geschmack der Franzosen entsprachen. Erst Mitte des 19. Jahrhunderts verlieh der Kulturhistoriker Jacob Christoph Burckhardt dem Terminus eine positive Bedeutung. Er geht zurück auf das portugiesische Wort „barocco", das eine „merkwürdig geformte, schiefrunde Perle" bezeichnet. Und in der Tat sind Barockopern seltsam geformte Gebilde. Die Orpheus-Versionen, die Charpentier (1686) und Telemann (1726) vertonten, fügen der perfekt geschliffenen Handlungsgrundlage „Unebenheiten" hinzu: In der französischen Oper erlöst Orpheus nicht nur seine Geliebte, sondern lindert in einer Nebenhandlung durch seinen Gesang auch noch die Leiden der zu ewigen Qualen verurteilten Tantalos, Ixion und Tityuo. Natürlich bleibt das tragische Ende ausgespart. Auch Telemann reicht ein Mythos nicht aus, denn bei ihm rivalisiert Euridice noch mit einer thrakischen Königin um Orpheus, die beide umbringen lässt, bevor sie schließlich sich selbst tötet. Das Ganze ist musikalisch opulent ausgestaltet und der Gesang mehr Selbstzweck geworden als vom Drama inspiriert.

Gut eineinhalb Jahrhunderte nach Monteverdis Oper kam es mit Christoph Willibald Gluck (1714-1787) zu einem Paradigmenwandel. Glucks Musik war emotionaler als die der meisten seiner Zeitgenossen, was besonders deutlich wird im direkten Vergleich zu Bertoni, der 1776 für seine Oper *Orfeo ed Euridice* den gleichen Text wie Gluck verwendete. „Ich glaube", bekannte Gluck, „Musik sollte die gleiche Wirkung haben wie lebhafte Farben und ein gut ausbalancierter Gegensatz von Licht und Schatten in einem rechten, wohlüberlegten Gemälde, sodass die Figuren belebt werden, ohne ihre Konturen zu ändern."[11] Dementsprechend sind die damals beliebten eingeschobenen Tanzszenen dramatisch konzipiert und werden zu „Handlungs-Balletten", in denen der dramatische Ablauf nicht unterbrochen, sondern veranschaulicht oder vorangetrieben wird. In Glucks 1762 in Wien in italienischer Sprache uraufgeführten Oper *Orfeo ed Euridice* ist die Handlung auf das Wesentliche konzentriert. Was bei Monteverdi noch in loser Reihung aneinandergefügt war, führt Gluck in einer konsequenten Dramaturgie durch. Es gibt umfangreiche Passagen, die nur dem Orchester vorbehalten sind – außer der kraftvollen einsätzigen Ouvertüre gibt es noch vier Ballettmusiken. Diese sind nicht lediglich Pausenfüller, sondern integraler Bestandteil des Dramas. Wenn die Ouvertüre einsetzt, ist Euridice bereits tot. Das Orchester, das am Geschehen regen Anteil nimmt, macht die Erregung und Verzweiflung des zurückgebliebenen Orpheus deutlich. In noch viel stärkerem Maße als bei Monteverdi erfährt die Geschichte ihre Ausdeutung durch das Orchester. Vor allem die Blasinstrumente haben sich nach 150 Jahren deutlich verändert und die Streicher sind wesentlich klangvoller besetzt. Die Harfe, nicht die Streicher wie noch bei Monteverdi und seinen Zeitgenossen, symbolisiert nun treffender den Klang von Orpheus' Leier. Als Gluck das Werk 1774 für die Pariser Bühnen überarbeitete, etablierte er damit die Harfe in französischen Opernorchestern. In der stringenteren italienischen Fassung hört man noch die weicheren Kornette und die Chalumeaux, der Klarinette verwandte, schalmeiartige Holzblasinstrumente, die in der späteren Version (und in heutigen Aufführungen) durch die modernen Oboen und Klarinetten ersetzt werden, weil beide Instrumente in Frankreich unpopulär waren. Gluck musste zudem auch die Posaunenparts für die Pariser Musiker vereinfachen und einige Arien hinzukomponieren. Der Wechsel vom Chalumeau zur Oboe entspricht auch dem Wechsel vom Kastraten zum Tenor bei der Orpheus-Rolle. Um den Ausdruck zu intensivieren, lässt Gluck jede Strophe der Arie „Chiamo il mio ben così" (So beklage ich meiner Liebsten Tod) von einem anderen Soloinstrument begleiten – in Wien mit Flöte, Horn und Englischhorn (einer Altoboe), während ihm in Paris nur ein Horn und zwei Klarinetten zur Verfügung standen. Zudem fügt er in dieser Szene neben dem Orchester vor der Bühne noch ein kleines zweites Orchester (mit zwei bis drei Geigen, Solo-Viola und -Cello, einem Kontrabass sowie einem Chalumeau) hinzu, das – noch ganz in der barocken Tradition der Pastoralspiele stehend – eine Echo-Funktion übernimmt.

Nicht als „Oper", sondern „azione teatrale" bezeichnete Gluck sein Werk, das den früheren Erzählweisen des Orpheus-Mythos eine neue Variante hinzufügt. In den alten Quellen bei Virgil und Ovid, selbst noch in den Pastoralspielen der Renaissance, endet die Handlung tragisch und Orpheus wird von den Mänaden in Stücke gerissen. In den Opernfassungen der Renaissance wird das Paar eher aus Mitleid wieder zusammengeführt. Bei Gluck werden Orpheus und Euridice noch einige Erdenjahre vergönnt – hier wird diese Gunst jedoch vielmehr aus Einsicht gewährt.

Nachdem Orpheus bereits Mut gezeigt hat, weil er sich ungeachtet aller Warnungen durch Furientänze und den Drohchor „Chi mai dell'Erebo" (Wer ist der Sterbliche, der diesem Schreckensort so frevelnd trotzt?) im 2. Akt in den Hades vorgewagt hat, muss er nun noch seinen Gehorsam unter Beweis stellen, indem er beim Verlassen der Unterwelt sich nicht zu der hinter ihm folgenden Euridice umblickt. Er scheitert, doch wendet er sich nicht aus Neugier oder Misstrauen um, sondern aus Liebe und Sorge um seine Frau. Da er damit gegen das Gebot der Götter verstößt, verliert er Euridice erneut. Gluck widersteht der Versuchung, wuch-

tige theatralische Effekte aufzubieten. Tod und Isolation sind bei ihm eher etwa Intimes, Stilles. „Zusammenklingende Instrumente sollten im Verhältnis zur Intention und Intensität der Worte eingesetzt werden“, fordert er[12] und folglich ist auch die große Klagearie des einsamen Orpheus „Che farò senza Euridice“ (Was werde ich nur ohne Euridice machen?), die nur von den Streichinstrumenten unterstützt wird, gerade in ihrer Schlichtheit besonders wirkungsvoll. Schließlich würdigt der Gott Amor jedoch die liebevolle Hingabe als eine größere Tugend denn bedingungslosen Gehorsam, vereitelt Orpheus' Selbstmordversuch und gewährt ihm, dass seine Frau zurückkehren darf.
Dass Orpheus seiner Bestrafung entgeht, hängt mit dem neuen Menschenbild jener Epoche zusammen. Im Zeitalter der Aufklärung strebten Philosophen und Künstler danach, ihren Mitmenschen in Publikationen und Bühnendarbietungen die Vorzüge von Vernunft, selbstständigem Denken und Mündigkeit nahe zu bringen. Ein Aufklärer und Schriftsteller wie Lessing vertrat die Ansicht, das „Religionssystem“ sei „Flickwerk von Stümpern und Halbphilosophen“.[13] Als Tugend ließ er in seinem Drama *Nathan der Weise* (1779) preisen, dass „es g'nügt, ein Mensch zu heißen“ – ein Ideal, das auch Mozarts *Zauberflöte* prägt. In einem Brief an den Philosophen Moses Mendelssohn führte Lessing aus, dass „ohne Zweifel derjenige der beste Mensch ist, der die größte Fertigkeit im Mitleiden hat“.[14] Und als ein solcher erweist sich der Glucksche Orpheus. Der Regelverstoß des Orpheus ermöglicht der Obrigkeit (den Göttern), Großmut walten zu lassen – eine in der Aufklärung besonders geschätzte Tugend (Mozart hat mit *La Clemenza die Tito* eine ganze Oper über Güte und Nachsicht komponiert). Während die italienische Fassung von Glucks *Orpheus und Euridice* geradlinig und durch ihre unprätentiöse Ausgestaltung eindringlich erscheint, enthält die bereits erwähnte französische Version einen stärkeren Zug hin zum Dramatisch-Heroischen. Dies verweist auf die später noch genauer zu erörternden nationalen Unterschiede bei Opern des 18. und 19. Jahrhunderts. Im 19. Jahrhundert passte Hector Berlioz dann mit seiner Bearbeitung Glucks Werk den Erwartungen an Orchestergröße und Gesangsstil seiner Zeit an. So sehr Bearbeitungen auch den ursprünglichen Charakter von Opern verfälschen (unter anderem vergriff sich Wagner an *Iphigenie in Aulis*), so zeigt dies auch, wie sehr diese Künstler Gluck als einen der ihren schätzten und ihn dem vorherrschenden Zeitgeschmack anpassen wollten.

Ein weiteres wichtiges Element kommt hinzu, das damals eine Besonderheit war und auch darauf verweist, dass Glucks Opern den zukünftigen Entwicklungen neue Impulse vermittelten. Der erste Orpheus-Darsteller in Wien war der Kastrat Guadagni, der bei David Garrick, dem berühmtesten Schauspieler seiner Zeit, Unterricht genommen hatte. Dadurch war er in der Lage, die Zuschauer nicht nur durch seinen Gesang zu fesseln, sondern auch durch seine ausdrucksvolle Darstellung. Selbst wenn man unter Schauspielkunst damals etwas anderes verstand als heute, belegt dies deutlich, dass die Oper nicht allein als musikalische, sondern als dramatische Kunst verstanden wurde, bei der die szenische Darstellung neben der musikalischen gleichberechtigt ist. In gut zwei Drittel der Gluckschen Opernfassung erlebt man Orpheus leidend und klagend über den Tod seiner Gattin. Im 19. Jahrhundert kommt zwar nicht der Sinn für Tragik abhanden, aber in einer Epoche, in der antike Mythen zur Volks- und Jugendliteratur wurden (1838-40 erschienen Gustav Schwabs *Sagen des klassischen Altertums*), konnte man sich, von Ausnahmen abgesehen, letzten Endes über die antiken Legenden vielfach nur noch lustig machen und sie satirisch ausschlachten. Dementsprechend bietet Offenbachs „Opéra bouffe" *Orphée aux Enfers* (1858, Orpheus in der Unterwelt) bloß noch Persiflage. Statt „La Musica" tritt „Die öffentliche Meinung" als allegorische Figur auf und auf ihr Drängen hin, ist die Trauer des von seiner Frau genervten Orpheus nur geheuchelt. Im Totenreich fällt ihm keine eigene Melodie mehr ein und er zitiert bloß die Arie „Ach, ich habe sie verloren" aus Glucks Oper. Die Antiken-Welle im Unterhaltungstheater des 19. Jahrhunderts mochte nicht zuletzt deswegen erfolgreich gewesen sein, weil hier – fernab des eher zugeknöpften Alltags – die Darsteller in altertümlichen Gewändern und Kleidchen leicht beschürzt zu bewundern waren.
Das Motiv des Ersingens der geliebten Frau erscheint im 19. Jahrhundert nun in Wagners *Tannhäuser* und *Die Meistersinger von Nürnberg* in profanisierter Form. Im Jahrhundert der industriellen Revolution und der zunehmenden Beschleunigung des Lebens haben die Götter weitgehend ausgedient (Wagners Tetralogie *Der Ring des Nibelungen* zeigt sie am Ende ihrer Macht; Bungerts Zyklus *Homerische Welt* fiel bald der Vergessenheit anheim), vielmehr gewinnt die Gestalt des Teufels an Faszination wie etwa in den Faust-Vertonungen von Spohr, Berlioz, Gounod und Boito oder in Sullivans *The Golden Legend* und *The Beauty*

Stone. Erst in der zweiten Hälfte des 20. Jahrhunderts werden antike Mythengestalten wieder für die Oper interessant. Das markanteste Wiederaufgreifen des Orpheus-Mythos findet sich in Harrison Birtwistles *The Mask of Orpheus* (1986). Diese Oper, die der Komponist als „eine lyrische Tragödie in drei Akten" bezeichnet, bietet nichts Geringeres als ein Kompendium des facettenreichen Orpheus-Mythos, von dem es verschiedene Versionen gibt. Der erste Akt schildert die Vorgeschichte, in welcher der Gott Apollo Orpheus seine magischen Kräfte verleiht, bis zum Hinscheiden und Begräbnis Euridices; der mittlere zeigt den Abstieg in die Unterwelt und der dritte schließlich den Ruhm des Mythos Orpheus zu Lebzeiten und nach seinem Tod. Die Erzählweise ist indes nicht linear, sondern verwebt die verschiedenen Darstellungen der Legende in Schichtungen, Doppelungen und Variationen. So gibt es beispielsweise unterschiedliche Deutungen von Euridices Tod durch einen Schlangenbiss. Auch sind die Hauptcharaktere – Orpheus, Euridice und Aristaeus (der bei Monteverdi und Gluck noch keine Rolle gespielt hatte) – aufgespalten in Mensch, Held und Mythenfigur, dargestellt in den jeweiligen Akten durch Sänger, Mimen und Puppen.

Die vielschichtige Struktur der Partitur Birtwistles, die unter anderem gleichzeitig verschiedene Tempi in den Orchestergruppen verlangt, machte bei der Uraufführung in London sogar zwei Dirigenten erforderlich. Bläser, Schlagwerk und Tonbänder mit elektronischer Musik dominieren. Streichinstrumente fehlen völlig, weil sie sich nicht in das klangdramaturgische Konzept des Komponisten fügen. Die Handlungsbausteine und der musikalische Duktus sind aufgesplittet in einem Kunstwerk, das zwar alte thematische Überlieferungen verarbeitet, aber in dieser Form deutlich das Ergebnis einer sich im Laufe des 20. Jahrhunderts verändernden Wahrnehmung ist.[15] Das Wissen um die Synchronizität von Ereignissen, die Vielschichtigkeit des Bewusstseins, die Aufsplitterung der Wahrnehmung, die Entidealisierung des Lebens und die neuen Kommunikationsstrategien der Avantgarde nach den beiden verheerenden Weltkriegen führte dazu, das Medium Oper zu nutzen, um Theater, Kunst und Dasein von Grund auf neu zu erkunden. Bei Birtwistle werden keine Arien oder Duette geschmettert, um eine Handlung voranzubringen. Es gibt Gesang, Tanz und Pantomime in einem Stück Musiktheater, das vielmehr die Bestandsaufnahme eines Mythos bietet. Dadurch ist es – wie auch Monteverdis *Orfeo* als eine der ersten Opern – nicht zuletzt eine Hommage an die Musik selbst. Der Komponist Harrison Birtwistle meinte dazu, dass „nur die Oper sich wirklich mit Mythen, mit Göttern befassen kann. Das Sprechtheater kann sie nur auf eine menschliche Ebene bringen. Aber in der Oper gibt es diese großen Dimensionen, wie die gewaltige Stimme des Apollo. Musik hat einen heißen Draht zum Übernatürlichen. Musik ist Psychologie“.[16]

3. Oper als Codesystem

Nicht in allen Opern wird ständig gesungen. Diese artifizielle Form der Kommunikation erschien außerhalb Italiens vielen geradezu als unnatürlich. In England beispielsweise hieß es Ende des 17. Jahrhunderts in einem Artikel, die Erfahrung habe gelehrt, dass „das ewige Singen nicht gefällt“, denn „ein englischer Gentleman wünscht, wenn sein Ohr befriedigt ist, seinen Geist beschäftigt, folglich Musik und Tanz fleißig vermischt mit gesprochener Komödie oder Tragödie“.[17] Außerhalb Italiens konnte man sich bei Solonummern, Duetten oder Chören musikalisch noch an im eigenen Land bereits existierendem Gesangsgut orientieren. Doch insbesondere das Rezitativ erwies sich als problematisch. Während in der Renaissance- und Barock-Oper bei in sich geschlossenen Musiknummern die Handlung zumeist still stand und Ereignisse kommentiert oder reflektiert wurden, war das musikgebundene Rezitieren, der Sprech-Gesang, erforderlich, um Konflikte aufzubauen und die Aktion voranzutreiben. In der italienischen Oper entwickelte sich aus dem monodischen Rezitieren das Secco-Rezitativ: Das „trockene“, nur vom zirpenden Cembalo begleitete, von den Stimmen zumeist flüssig dahinperlend gesungene „Sprechen“. In Deutschland, England und im 18. und 19. Jahrhundert teilweise auch in Frankreich erwartete man weniger artifizielle Darbietungen und deswegen war hier anfangs der gesprochene Dialog zwischen den Musikstücken charakteristisch für die Oper. In Frankreich suchte man selbst bei durchkomponierten Opern nach einem Weg, bei dem die Deklamation des Sprechtheaters den Gesang inspirieren sollte. Ein Komponist wie Lully studierte bei Aufführungen der Dramen Racines die Rezitation der Darsteller, die ihm Anregungen gab für die skandierte Rhythmisierung der Deklamation bei der Vertonung französischer Texte.

Die Sprache wurde zu einem entscheidenden Gestaltungsfaktor für das Musiktheater. Als Gluck seine Orpheus-Deutung für die Pariser Bühne umarbeiten musste, sah er sich genötigt, sämtliche Rezitative neu zu komponieren, weil der französische Sprachduktus ein völlig anderer war. Dadurch dass einige Komponisten Opern in unterschiedlichen Sprachen komponierten (z. B. Gluck, Meyerbeer und Verdi auf Französisch und Italienisch, Händel und

Mozart auf Deutsch und Italienisch) besitzen diese Werke einen jeweils eigenen Duktus. Dieser ist schwer in andere Sprachen zu übertragen, dennoch ist es nicht unmöglich. Deutsch gesungene Aufnahmen (etwa mit Helge Rosvaenge und Heinrich Schlusnus) besitzen ihre eigene Energie und vermitteln einen Eindruck vom Interpretationsstil aus Zeiten, in denen es nicht als Makel galt, in übersetzten Fassungen zu singen. Bei Opernhäusern wie der Komischen Oper in Berlin und der English National Opera in London gehört die Landessprache noch heute zur Programmpolitik. Ansonsten ist es seit den 1990er Jahren auch an kleineren Bühnen üblich, in der Originalsprache zu singen (selbst wenn vor allem bei slawischen Opern die Ergebnisse ohne Muttersprachler eher peinlich sind). Obertitelungsanlagen erleichtern es, das aktuelle Geschehen auf der Bühne nachzuvollziehen. Nichtsdestotrotz kann man einer Oper nicht so leicht folgen wie einer Schauspielaufführung.

Abgesehen von der Wahl der Sprache, gehört es ebenfalls zur Kodierung der Opern, dass die Komponisten kohärente, in sich stimmige Geschichten auf die Bühne bringen wollten. *In sich* stimmig! Das bedeutet nicht, dass eine Opernfigur, die ein in der Historie real existierendes Vorbild hatte, diesem Charakter nach dem letzten Stand historischer Forschungen genau entsprechen musste. Entscheidend war, dass bestimmte Namen Grunderwartungen weckten und in eine Handlung eingebettet waren, die die gewünschten Affekte und Emotionen vermittelte. In den ersten gut 150 Jahren der Operngeschichte griff man dafür vor allem auf das Reservoir von Mythologie, Historie und Legenden zurück. Dieses ist zwar bis heute noch nicht ausgeschöpft, doch bereits während des Übergangs zur Barockzeit vollzogen sich grundlegende Veränderungen, selbst wenn es noch lange dauerte, bis Mozart mit *Così fan tutte* (1790) sowie Verdi mit *Stiffelio* (1850) und *La Traviata* (1853) Stücke schrieben, die in ihrer eigenen Zeit spielten. Die meisten Werke des Musiktheaters, ob Renaissance- oder moderne Oper, „meinen“ ihre Gegenwart – als Verdi den Gefangenenchor in *Nabucco* komponierte, waren ihm die Israeliten völlig gleichgültig. Er betrachtete die Geschichte der babylonischen Gefangenschaft als Chiffre für die Situation Italiens zu seiner eigenen Zeit, in der er die Italiener als Gefangene der Habsburger Fremdherrscher im eigenen Land sah. Hätte Verdi dies unkodiert auf die Bühne gebracht, wäre die Zensurbehörde eingeschritten. Da dies nur eines von zahlreichen Beispielen für den reichen

Symbolgehalt von Opern ist, kann man Stücke des Musiktheaters nicht einfach als Mythen-, Bibel- oder Historiendramen durchgehen lassen, in denen Männer mit langen Bärten und Rüstungen singend über die Bühne stapfen. Jede Oper hat ihre eigenen Codes, die es zu knacken gilt. Genau das leisten gute Inszenierungen: Die Abstraktionen und Symbole der Opern zu entschlüsseln. Weil diese so vielfältig sind, ergeben sich auch zahlreiche unterschiedliche Deutungen. Eine Oper ist kein Konzert mit Kulisse, sondern ein Seelendrama.

Medea-Variationen – Frauen, die töten

Opern beschäftigten sich ziemlich bald auch damit, dass Menschen nicht nur durch Intrigen oder bestimmte Fügungen psychisch Gewalt angetan wurde, sondern auch physisch. Gewalt war nun einmal Bestandteil alltäglicher Erfahrungen in Zeiten, in denen körperliche Züchtigungen sowie Hinrichtungen normal und kriegerische Auseinandersetzungen ein Dauergesprächsthema waren. Zwischen 1618 und 1648 wurden im Dreißigjährigen Krieg ganze Städte und Landstriche Mitteleuropas verwüstet, in England führte man Bürgerkrieg oder bekämpfte andere seefahrende Nationen, und in verschiedenen Regionen Italiens kam es zu Erbfolgekriegen oder Aufständen gegen fremde Herrscher. Doch eine Opernmusik zu geplanten oder verübten Grausamkeiten muss sich keineswegs immer „brutal“ anhören. Abhängig von der Epoche werden unterschiedliche Akzente gesetzt, wobei „Dramatik“ jeweils auf andere Weise wahrgenommen wurde.
Dabei sind Frauen in Opern nicht nur Diven in der Opferrolle oder Liebesbekenntnisse trällernde Primadonnen. Schon sehr bald nach Entstehung der Gattung erlebt man sie vielfach als wissende, kluge, starke und aktiv handelnde Persönlichkeiten. Die begehrtesten Stoffe gingen auf die antike Mythologie zurück. Dass Frauen an Leidenschaft und Grausamkeit dem Mann in nichts nachstehen, belegt der Medea-Mythos. Die Geschichte der Königstochter und Hohepriesterin bzw. Zauberin Medea ist gut 2500 Jahre alt. Erzählt wird nicht nur vom Kampf der Geschlechter, sondern auch vom Konflikt der Kulturen. Erstmals dramatisiert im 5. Jahrhundert vor der Zeitrechnung, inspirierte der Stoff seit Erfindung der Gattung gut zwanzig verschiedene Opernfassungen.
Die Ereignisse um die zauberkundige Medea sind Teil der Argonautensage. In der ursprünglichen Fassung verliebt sich Medea in

den griechischen Krieger Jason, den sie dabei unterstützt, das Goldene Vlies zu erringen – ein heiliges, vergoldetes Widderfell aus dem Besitz des Königs von Kolchis, das wie später der „Ring des Nibelungen“ Symbol für Besitz und Macht ist. Medea hilft Jason, indem sie seine Widersacher umbringt. Beide fliehen nach Korinth, wo dann die eigentliche Tragödie der Medea ihren Lauf nimmt, die erstmals um 431 v. d. Z. Euripides in griechischer und etwa 500 Jahre später Seneca der Jüngere in lateinischer Sprache auf die Bühne gebracht haben. Mit leichten Varianten erzählen beide das Drama einer Frau, die ihrem Mann in schwersten Zeiten zur Seite steht, dann aber mit den beiden Kindern verlassen wird, weil er sich einer anderen zuwendet. Sie übt Rache, indem sie ihm alles nimmt, was für ihn von Bedeutung ist: Sie tötet seine neue Geliebte und ihre gemeinsamen Kinder.
An den Vorkommnissen gibt es nichts zu verharmlosen: Nach den heutigen Maßstäben der westlichen Kultur ist Medea ein Fall für die Psychiatrie oder das Gefängnis. Doch in den antiken Vorlagen erscheint sie überlebensgroß. Medea wird damit zum Urbild menschlicher Leidenschaften und Verhaltensmuster – zum Archetyp. Und wie das Schauspiel entwickelte auch die Oper einen Zweig der Mythen-Verarbeitung, in dem in verschiedenen Epochen die mythologische Vorlage immer wieder neu interpretiert wurde. Medea etablierte sich geradezu als Urbild zerstörerischer Emotionen, der Selbstfindung und Definition der Frau mit Kindern in der Gesellschaft. In ihrer Gestalt bündelt sich eine große Spannbreite von Erfahrungen – von Lust, Zorn, Trauer, Geburt und Tod sowie Zuneigung –, die umschlägt in Abneigung und Aggression. Boten die Göttergestalten noch Metaphern für archetypisches Verhalten, so präsentierten Mythen die Gelegenheit für groß angelegte archetypische Inszenierungen. Durch ihre Vieldeutigkeit und nahezu unüberschaubare Beziehungsfülle entziehen sie sich einseitiger Deutung und faszinieren dadurch immer wieder aufs Neue.
Opern sind auch Katalysatoren der Selbstreflexion. Dementsprechend verweisen Medea-Vertonungen exemplarisch auf die wachsende Wahrnehmung der archetypischen Dimensionen im menschlichen Leben. In den frühen Opernversionen des 17./18. Jahrhunderts, in denen Medea eine Rolle spielt, interessiert man sich nicht für den Kindsmord, denn bei Cavalli, Lully und Händel beispielsweise liegt der Akzent noch auf den abenteuerlichen Seiten des Mythos. Doch bereits Ende des 17. Jahrhunderts beleuch-

tet Charpentier in *Médée* die moralischen Aspekte von Gewalt und Rachsucht, auch wenn die Opern aus dieser Zeit noch sehr den damaligen Konventionen verhaftet sind. Erst mit Cherubinis *Médée* bildet sich Ende des 18. Jahrhunderts ein Stil heraus, der die tragischen Aspekte auf eine Weise betont, die wir heute noch als „dramatisch" empfinden. Daran knüpften Komponisten des 19. Jahrhunderts an, während ab dem 20. Jahrhundert ein sehr individueller, persönlicher Kompositionsstil dominiert. Die konfliktgeladene Medea-Geschichte wird in der Moderne zu einem Stoff, mit dem die Grundlagen der westlichen Zivilisation hinterfragt werden.

In der ersten Opernfassung ist der Fokus noch zugunsten eines männlichen Protagonisten verschoben. In Francesco Cavallis *Giasone* (1649), einer der erfolgreichsten Opern des 17. Jahrhunderts, steht noch Medeas Gatte im Vordergrund, den Medea beim Erringen des Goldenen Vlieses unterstützt hatte. Liebesränke spielen in dem Werk eine wichtigere Rolle als die ausgesparte Rachegeschichte, weil das Stück eher symbolisch die Verworfenheit und die Machenschaften des venezianischen Hofs zeigen sollte, als individuelle Schicksale. Die Rolle des Giasone (Jason), um dessen Zuneigung Isifile und Medea kämpfen, ist traditionell mit einem Kastraten besetzt, da dieser nach damaligem Verständnis einerseits jugendliche Attraktivität zum Ausdruck bringen konnte und andererseits auch „effeminiert" wirkt, wodurch er auch einen lustbetonten Charakter zu verkörpern vermochte, der sich seiner Verantwortung entziehen will.

Medea spielt auch in Opern von Lully und Händel eine Rolle: In *Thésée* (1675) und *Teseo* (1713) wird die Verbindung zum Theseus-Mythos hergestellt, also einer Phase, die nach den tragischen Ereignissen in Korinth liegt. Den eigentlichen Kern der Ereignisse um Medea – ihre Rache an Jason durch die Ermordung seiner Verlobten Kreusa mittels eines vergifteten Kleides und die Tötung der gemeinsamen Kinder – wagt anscheinend erstmals Marc-Antoine Charpentier (1643-1701) im Dezember 1693 auf die Opernbühne zu bringen. Das Libretto verfasste für ihn Thomas Corneille (1625-1709), der jüngere Bruder des Dramatikers Pierre Corneille, der bereits 1635 eine eigene Schauspielfassung vorgelegt hatte. Thomas Corneille nimmt indirekt Bezug auf die „affaire des poisons", eine Serie von Giftmordanschlägen in Adelskreisen, bei der zwischen 1675 und 1682 mehrere prominente Persönlichkeiten und Adelige angeklagt, gefoltert und verurteilt wurden. Dementsprechend wird Medea als Zauberin besonders in den Blickpunkt gerückt und ihre große Szene am Ende des 3. Aktes, in der sie die Dämonen beschwört, um das Brautkleid ihrer Rivalin mit Gift zu tränken, zum Höhepunkt der Oper. Doch das heikle Thema musste dem Geschmack des Hofes von Ludwig XIV. angepasst werden. Hinsichtlich der klassischen Themenwahl und der Form steht das Werk mit seinem textorientierten Vokalstil und den zahlreichen Tanzeinlagen noch ganz in der Tradition der „tragédie lyrique" Lullys. Zu Beginn erklingt ein Prolog, in dem – der Konvention entsprechend – allegorische Figuren das einfache Volk animieren, die Wohltätigkeit des Herrschers zu rühmen. Seine Individualität zeigt der in Italien ausgebildete Charpentier in der Synthese aus italienischem Vokalstil und französischer Deklamation sowie seiner subtilen Orchester- und Chorbehandlung. Doch dass König Kreon dem Wahnsinn verfällt, ist allein Medeas magischen Künsten zuzuschreiben. Auch dadurch bleibt das Werk noch ganz barocke „Zauberoper", in der man der höfischen Contenance die Reverenz erweist. Die Musik der Protagonisten steigert sich kaum in Ekstasen, vielmehr bleibt es den Solisten vorbehalten, den subtilen Abstufungen stimmlichen Ausdruck zu verleihen. Medeas großes Solo „Que d'horreur! Que de maux fuivront sa trahison!" (Wie schrecklich! Verheerend sind die Folgen seines Verrats!) changiert gekonnt zwischen ihrem rücksichtslosen Wunsch, die erlittene Schmach zu rächen und kurz aufflackernder Mutterliebe.

Der Medea-Mythos ist allerdings zu komplex, um damit schon ausgeschöpft zu sein. Archetypen kehren in jeder Generation wieder. Lediglich die Strukturen, Stilmittel und Deutungen wandeln sich. Bereits in den Dramen gibt es zwischen Euripides, Seneca und Pierre Corneille leichte Variationen. Während bei Euripides Medea das Opfer von Jasons Untreue ist, wird bei Seneca hingegen Jason zum Opfer von Medeas Raserei. Dies entspricht Senecas stoischer philosophischer Haltung, der zufolge ein geglücktes Leben darin besteht, seine Affekte im Griff zu haben. Auch für Pierre Corneille, den älteren Bruder von Charpentiers Textbuchautor, ist die Selbstbeherrschung das höchste erstrebenswerte Gut. In seiner 1635 uraufgeführten Medea-Tragödie wird die Titelfigur, von Existenzängsten gepeinigt, zum Gegenbild seines Ideals. Corneille nimmt sich Seneca zum Vorbild und präsentiert die Folgen von Boshaftigkeit und Verbrechen, indem er Jason am Schluss sogar Selbstmord verüben lässt. Auch Charpentiers Oper

zeigt, welches Leid ungezügelte Leidenschaften verursachen können.
Erst gut einhundert Jahre später geht Luigi Cherubini (1760-1842) wieder auf Euripides zurück und bietet mit seiner Medea-Vertonung auch musikalisch eine der bedeutendsten Auseinandersetzungen mit dem Stoff. Cherubinis Oper liegt indes in verschiedenen Fassungen vor, die belegen, dass sich die französische und italienische Oper mittlerweile sehr stark voneinander entfernt hatten. Das Werk entstand 1797 ursprünglich für das sechs Jahre zuvor eröffnete Théâtre Feydeau in Paris als französische *Médée*. Obwohl nun nach der Französischen Revolution von 1789 die Oper nicht mehr im Dienste des Hofes stand, griff der Librettist François Benoît Hoffmann auf das Textbuch von Thomas Corneille zurück. (Filmproduzenten haben „Remakes“ nicht erfunden – die Wiederverwertung von geeigneten Bühnenstoffen, mitunter sogar nach den gleichen Textvorlagen, ist in der Operngeschichte völlig normal). Selbstverständlich gibt es nun nicht mehr die traditionelle Huldigung an den König im Prolog, zudem hat die im 18. Jahrhundert entwickelte „opéra comique“ das Spektrum erweitert.
Die neue Form der „opéra comique“ bezeichnet keineswegs „komische Opern“, sondern Opern mit gesprochenem Dialog, deren Handlung und Ausgang durchaus auch tragischen Charakter haben können. Die das Verständnis erleichternden gesprochenen Passagen enthoben Opern im Zeitalter des aufsteigenden Bürgertums teilweise des Verdachts, eine elitäre, artifizielle Kunst zu sein. Zudem erschloss diese Verbindung von Wort und Musik der Oper neue Besucherkreise. Cherubinis *Médée* wurde in Musikerkreisen hoch geschätzt, fand jedoch beim Publikum wenig Anklang. Die Wahl eines mythologischen Stoffes war ungewöhnlich in einer Epoche, in der man eher „Rettungsopern“ und „Revolutionsopern“ schätzte – Stücke, die das Streben nach Unabhängigkeit und Freiheit sowohl auf individueller als auch auf kollektiver Ebene idealisierten. Hier musste Cherubinis *Médée* geradezu wie eine Antithese wirken. Sie führte den festlich gestimmten Theaterbesuchern die Pervertierung der Revolutionsideale im antiken Gewand vor Augen: Die einstigen Rebellen Medea und Jason haben sich voneinander entfremdet und die Revolution frisst buchstäblich ihre eigenen Kinder, wenn Medea am Schluss die grausame Tat vollzieht. Nicht die Magie dominiert, sondern die aus dem Alltag vertraute Rohheit. Als „opéra comique“ ist Cherubinis

Médée ein Musterbeispiel dafür, wie die Musik der Oper aus der Hilflosigkeit der Sprache entsteht. Die gesprochenen Texte nehmen im Verlauf des Stückes zunehmend ab: Gab es in den ersten beiden Akten noch 5 bzw. 4 mitunter sehr ausgedehnte Dialogpassagen, so finden sich nur noch zwei kürzere Dialoge im letzten Akt, dafür aber längere auskomponierte Szenenblöcke. Die monumentale f-Moll-Ouvertüre bereitet auf den Gang der Handlung vor, doch erst ab dem Finale des 2. Aktes wird der Bogen zurückgeschlagen zum Beginn: Aus der Perspektive der Titelfigur erlebt man die Darbringung von Opfergaben im Tempel anlässlich der Verbindung Jasons mit seiner neuen Frau. Zunächst reagiert Medea auf die Musik und die Chöre hinter der Bühne mit gesprochenen Worten. Erst bei „Je viens aussie" (Ich komme auch ... und fordere Jasons Treue ein!) vollzieht sich der Wechsel zum sich ekstatisch steigernden Gesang. Das folgende Vorspiel zum 3. Akt ist fast so lang wie die Ouvertüre: Vom dumpfen Brüten in den tiefen Streichern bis hin zu den von Pauken umwirbelten Fortissimostellen der Hassausbrüche veranschaulichen die Instrumente Medeas seelische Befindlichkeit. Sie ist die Kristallisationsfigur der ganzen Oper: Sobald sie in der Mitte des 1. Aktes die Bühne betreten hat, ändert sich der dur-getränkte Tonfall. Kreon, der kurz zuvor noch den Segen der Götter für seine Kinder und Enkel beschworen hatte, schleudert Bannflüche, und nachdem Medea vergeblich versucht hat, Jason mit einer F-Dur-Arie wieder für sich zu gewinnen, überhäuft man sich in dem großen e-Moll-Duett „Regrets tardifs" (Späte Reue!) mit Vorwürfen.

Versatzstücke der orchestralen Einleitung des zweiten Duetts von Jason und Medea „Cher enfants" (II/5, Liebe Kinder) prägen auch das Orchestervorspiel zum 3. Akt und Medeas Arien. Cherubinis Fähigkeit, die orchestralen Mittel seiner Zeit zu nutzen, um antikisierende Klangeffekte zu erzielen und der Emotionalität des Geschehens Resonanz zu geben, macht ihn zu einem Wegbereiter der Entwicklungen im 19. Jahrhundert.

Obwohl alle bedeutenden Komponisten mit der Partitur seiner Medea-Version vertraut waren, wurde das Werk kaum noch aufgeführt. Erst im 20. Jahrhundert rückte das Stück durch die fulminante Interpretation von Maria Callas wieder in den Blickpunkt – allerdings handelte es sich dabei um eine entstellte Version aus dem 19. Jahrhunderts mit starken Kürzungen und von fremder Hand nachkomponierten Rezitativen anstatt der origina-

len Dialoge. Als „Opéra comique“ ist Cherubinis Werk spannend, bewegend, lebendig und mitreißend – kurzum: dramatisch, während in der durchkomponierten italienischen Fassung die Grenze zum Pathetischen überschritten ist.
Da Cherubinis Oper auch in der italianisierten Fassung zu dessen Lebzeiten kaum Erfolg beschieden war, sah Johann Simon Mayr, der in Italien als Opernkomponist unter dem Namen Giovanni Simone Mayr (1763-1845) firmierte, sich ermutigt, eine eigene Medea-Fassung zu komponieren. Mayrs 1813 in Neapel uraufgeführte *Medea in Corinto* (1813) bietet der neapolitanischen Schule entsprechend orchesterbegleitete Rezitative und vokalen Wohlklang. Mayr reiht Versatzstücke der italienischen Opernschule aneinander – Chöre, Märsche, Arien, Duette usw., darunter im Finale des 1. Aktes auch ein kurzes „Betroffenheits-Ensemble“, in dem die Handlung stillsteht. Doch diese Szene, „Mira, infido/infida, a quale stato“ (Siehe, Treuloser/Treulose, in welch erbärmlichem Zustand ich bin), hätte hinsichtlich der Melodieführung sowie der Flöten und der Streicherpizzikatobegleitung auch in einer komischen Oper ihren Platz finden können. Ein Überbleibsel aus der Barockzeit ist die wieder groß angelegte Beschwörung der Unterwelt. Sensibel wird die erste Arie der Medea „Sommi dèi“ (Große Götter, die Ihr über die Schwüre der Sterblichen wacht) von der Solovioline umspielt – Klangchiffre ihrer Empfindsamkeit und Einsamkeit. Das Instrument erklingt wieder, wenn sie sich im 3. Akt entschließt, ihre Kinder zu töten, jedoch vollzieht sich, dem Belcanto-Ideal der Zeit verpflichtet, der Mordrausch im Schönklang einschmeichelnder Melodien.
Eine weitere original italienische Medea-Oper bot Saverio Mercadante (1795-1870), dessen Stil an Donizetti und den frühen Verdi erinnert. Seine *Medea* wurde 1851 ebenfalls in Neapel uraufgeführt und ist, wie auch seine übrigen Werke, heute völlig aus dem Repertoire verschwunden (wie die meisten anderen Opern, wenn von den – grob geschätzt – insgesamt 40.000 neuen Opern der letzten 400 Jahre heute höchstens noch einige Dutzend regelmäßig aufgeführt werden).
Die letzte nennenswerte Medea-Fassung, diesmal in deutscher Sprache, stammt vom Komponisten Aribert Reimann (geb. 1936). Während Mayr zwischen 1794 und 1824 gut 60 Opern für den Bedarf der damaligen Theater komponierte, schrieb Reimann seit 1964 lediglich acht Opern. Dies liegt zum einen daran, dass Komponisten seit Mitte des 19. Jahrhunderts ihren Bühnenwer-

ken mehr Individualität verliehen, was dementsprechend mehr Zeit braucht, zum anderen hängt es damit zusammen, dass heutzutage erheblich weniger Opern uraufgeführt werden als noch im 18. und 19. Jahrhundert. Zudem muss es sich ein Künstler auch leisten können, eine Oper zu schreiben: Reimann konnte das Projekt nur realisieren, nachdem er 2005 einen Kompositionsauftrag der Wiener Staatsoper erhalten hatte. Nach umfangreicher Sichtung der denkbaren literarischen Vorlagen wählte er die Medea-Version aus dem letzten Teil von Grillparzers Trilogie *Das goldene Vlies* (1899), aus dem er selbst eine Textfassung erstellte. Nach zwei Jahren intensiver Kompositionsarbeit wurde seine *Medea* am 28. Februar 2010 an der Wiener Staatsoper uraufgeführt – und das mit einem für eine moderne Oper ungewöhnlich großen Erfolg.

Im 20. Jahrhundert erfuhr die Figur der Medea zunehmend eine Umdeutung und Rehabilitierung bis hin zu der feministischen These, ihre Taten seien nur Verleumdung und Medea unschuldiges Opfer übler Nachrede. Reimanns Wahl der Grillparzer-Fassung passt in die Neubewertung der Figur, weil hier erstmals Leid, Einsamkeit und Verlassensein der Medea deutlich zum Ausdruck kommen. Auch wenn das Morden nicht zu rechtfertigen ist, wird deutlich, wie Isolation zu Aggression führt. Medea wird in Korinth als Fremde, als Vertreterin einer anderen, ungewollten Kultur ausgegrenzt. Letzten Endes treibt man sie derart in die Enge, dass es verständlich erscheint, wenn sie in ihrer Verzweiflung und ihrem Hass schließlich Zerstörungsphantasien entwickelt. Die Psychologie der Figuren spielt für Reimann, einem der am häufigsten aufgeführten modernen Opernkomponisten, eine größere Rolle als Medeas Fähigkeiten als Zauberin. Seine Oper *Medea* ist ein Gegenbild zu seiner Shakespeare-Vertonung *Lear* (1978) – während die eine Titelfigur sich zunehmend dem Zustand geistiger Verwirrung nähert, wächst hingegen die andere durch die Not zu bedrohlicher Größe.

Jedes von Reimanns Werken besitzt einen individuellen Klangcharakter. War die Kafka-Oper *Das Schloss* (1992) noch stärker durch die vom orchestralen Klanggewebe erzeugte Atmosphäre bestimmt, gewinnt *Medea* eher durch die Sänger an Profil, denn Atmosphäre, so Reimann, „entsteht in der *Medea* durch das Zusammentreffen der Akteure, nicht durch die Umgebung“.[18]

Jede Figur hat bei Reimann eine spezifische musikalische Struktur. Wenn Medea versucht, sich durch ihren Gesangsstil den Grie-

chen anzupassen, wird dies hörbar, indem sie Kreusas Rhythmus und deren Melodik nachahmt. Doch die Integration scheitert: Große Ausbrüche der isolierten Medea mit erregten Koloraturketten folgen; auch ist die Stimme öfter ohne Orchesterbegleitung zu hören, wenn sie sich allein gelassen glaubt.
Dementsprechend ist die Komposition weniger rhythmusbestimmt, sondern vom Gesamtklang dominiert. Die Musik Reimanns komme, so der Dirigent der Uraufführung, Michael Boder, „aus dem Gesang, und nicht aus dem Rhythmus. Dadurch ergeben sich in erster Linie horizontale Bewegungen. (...) Im Grunde ist es in *Medea* oft so, dass der Dirigent einen Schlag macht, aber keiner auf diesen Schlag singt, sondern gewissermaßen um den Schlag herum. Dadurch entstehen 'schwimmende Rhythmen', in der Art von Wellen. Es geht also darum, dieses Wellengefühl zu erzeugen, das mit Gesang und Atem zu tun hat, und nicht mit dem Beat. Auf diese Weise entsteht in der Musik Reimanns ein Klangfeld, auf dem man das Gefühl hat, sich unsicher zu bewegen. (...) Es ist also wie im tagtäglichen Leben, das ja auch nicht rhythmisiert, sondern im Fluss ist. Genau diese Verunsicherung teilt sich durch die Werke Reimanns mit. Schließlich sind die Themen, die er behandelt, ja auch entsprechend: es geht um ganz tiefe Unsicherheiten und fürchterliche menschliche Abgründe."[19]
Auf diese Weise gewinnt Reimann dem alten Stoff noch im 21. Jahrhundert neue Facetten ab. Bei der Oper prägen nun einmal die Zeiten, Erfahrungen und Weltanschauungen Form und Stil – daran hat sich seit Monteverdi, jenem Opernkomponisten, der die Renaissance- und die Barockzeit miteinander verband, nichts geändert.

4. Renaissance und Barock
Die Kommerzialisierung der Oper

Claudio Monteverdi war bereits über 70 Jahr alt, als er nicht nur einen grundlegenden Stilwandel in der Musikgeschichte miterlebte, sondern auch aktiv daran beteiligt war: Zu jener Zeit wurde die Oper kommerziell. Anfangs war die Oper ja eine Erfindung von Schöngeistern. Sie begann als intellektuelles Experiment, das bald in anderen Städten Verbreitung fand und sich nach wenigen Jahrzehnten zu einer Unterhaltung für breitere Publikumsschichten entwickelte. Von den etwa zwanzig bis dreißig Opern, die Monteverdi zwischen 1608 und 1639 komponierte, ist kaum noch etwas erhalten. Aber seine beiden letzten Werke, die gegen Ende des Dreißigjährigen Krieges entstanden, sind überliefert: *Il Ritorno d'Ulisse in patria* (1640) und *L'Incoronazione di Poppea* (1642). Während in der Oper um Odysseus' Rückkehr in die Heimat wieder die antiken Legenden bemüht werden, wird bei Monteverdis *Krönung der Poppea* erstmals in der Operngeschichte ein historischer Stoff aufgegriffen. Damit – wie auch mit der von ihm entwickelten und verfeinerten „seconda prattica", dem bereits erwähnten, an der Sprache orientierten „konzertierenden Stil" einer oder mehrerer Stimmen mit begleitendem Generalbass (basso continuo) – ebnete Monteverdi zugleich den Weg zur Barockmusik und -oper.
In *Die Krönung der Poppea* ist nicht bloß die Handlungsführung komplexer als bei den zumeist geradlinigen Mythen-Opern, auch die Thematik wird erweitert, um der Phantasie der eigenen Epoche Nahrung zu geben. Monteverdi hatte es nicht mehr nötig, irgendeinem Herrscher zu huldigen, war er doch bereits 1612 aus Kostengründen vom Hofe zu Mantua entlassen worden und hatte sich im Stadtstaat Venedig niedergelassen. Dort entwickelten sich schließlich die ersten öffentlichen Theater: 1638 hatte die Patrizierfamilie Grimani das Teatro Santi Giovanni e Paolo bauen lassen, in dem Schauspielaufführungen und Opern auf hohem technischen Standard präsentiert wurden. Im Jahre 1663 schilderte ein Besucher die „wunderbaren Szenenwechsel, die majestätischen und grandiosen Auftritte [der Darsteller] und die großartige Flugmaschine, die prächtige Himmel, Gottheiten, Seen, königliche Paläste, Wälder und Forste erblicken lässt als sei es etwas

ganz Selbstverständliches.“[20] Allerdings bedürfen die letzten Opern Monteverdis nicht komplizierter szenischer Effekte, denn in ihnen vollzieht sich das Drama ganz in den zwischenmenschlichen Beziehungen und den unterschiedlichen Lebensplänen, die die Figuren antreiben.

Mit seiner *Krönung der Poppea* erweitert Monteverdi das Ausdrucksspektrum: Nachdem der Oper zunächst eine primär ästhetische Funktion zugekommen war, wird sie nun politisch. Die Handlung von *Poppea* erzählt im Gewand einer Liebeshandlung vom Aufstieg der Schönheit Poppea Sabina zur Macht. Das Orchester, das dafür zur Verfügung steht, ist nicht mehr so üppig besetzt wie noch bei *Orfeo*. Da schon die Gesangssolisten ein großer Kostenfaktor waren, wurde bei den Instrumentalisten gespart, weil die Aufführungen durch Eintrittsgelder finanziert werden mussten. Es gibt ein kleines Streicherensemble, das allerdings nur in instrumentalen Zwischenspielen für zwei hohe Instrumente und Bass in Aktion tritt und nicht, wie später üblich, die Sänger durchgehend begleitet. Für diese stehen speziell auf sie abgestimmte Continuo-Instrumente zur Verfügung: Poppea wird von der Laute begleitet, Nero für gewöhnlich vom Cembalo und nur dann vom Regal, einer tragbaren Kleinorgel, wenn er als Kaiser auftritt. Die Ausführungen des Philosophen Seneca, Neros Lehrer, unterstützt die Orgel, während die Harfe für die Gottheiten bestimmt ist. Die Partitur enthält, den damaligen Gepflogenheiten entsprechend, mit den Gesangspartien und dem begleitenden Bass (weitgehend ohne Bezifferung) und wenigen Instrumentenangaben nur rudimentäre Hinweise. Die meisten Partien waren, wie seinerzeit üblich, nicht geschlechts- und altersspezifisch, sondern zumeist mit hohen Stimmen besetzt; ein würdevoller Bass für Seneca bildete eher die Ausnahme. Nero klingt nach heutigem Empfinden nicht gerade kaiserlich, denn seine Rolle ist für einen Kastraten geschrieben – einem Stimmfach, dem durch die Barockoper eine glorreiche Laufbahn garantiert war. Monteverdi etablierte mit *Poppea* auch ein standardisiertes Typenpersonal: das hohe Paar, dem eines niederen Ranges gegenübergestellt ist, eine komische Alte (hier Poppeas Amme) und einen verliebten Pagen (dessen berühmteste Nachfolger sich mit Cherubino in *Le Nozze di Figaro* von Mozart und Octavian im *Rosenkavalier* von Richard Strauss noch Jahrhunderte später ebenfalls in „Hosenrollen“ wiederfinden, bei denen Frauen junge Männer spielen).

Poppea ist eine Verwandte von Shakespeares Lady Macbeth – ehrgeizig, machtbesessen und rücksichtslos. Doch im Gegensatz zu dem um 1606 entstandenen Drama des Engländers, scheitert Poppea keineswegs. Monteverdi zeigt uns auch nicht den Nero des brennenden Roms und der Christenverfolgung (den bietet erst Arrigo Boito – kurz vor Mussolinis Machtübernahme – mit der Oper *Nerone*), sondern vielmehr eine realistische Variante des politischen Alltags, bei dem die „negativen" Protagonisten nicht ihrer Strafe zugeführt werden und „das Böse" die Oberhand behält. Monteverdi lässt uns den Alltag seiner Gegenwart erleben, einer Epoche, die nach dem Schönen giert, einer Zeit der scharfsinnigen Beobachter und Beurteiler, der Herrschaft ohne Theologie – einer Welt, in der Lüge, Intrige und Mord zur Ökonomie des Daseins gehören. Erst hundert Jahre zuvor hatte Niccoló Machiavelli mit den *Discorsi* und *Il Principe* (*Abhandlungen* und *Der Fürst*, erschienen 1531-32) das politische Grundlagenwerk herausgebracht, dem zufolge Moral und Politik streng zu trennen sind – moralische Postulate können nicht auf Herrscher und Politiker bezogen werden, wenn utilitaristische Erwägungen ihnen entgegenstehen. Bei Monteverdis *Poppea* erleben wir die Dramatisierung dieser staatstheoretischen Analysen.
Die Bezugnahme bei Monteverdi wird deutlich, wenn er im Prolog die personifizierten Gottheiten Fortuna (das Glück) und Virtú (die Tugend) auftreten lässt – beide gehören bei Machiavelli (neben Occasione, der Gelegenheit, und Fama, dem Ruhm) zu jenen mythischen Kategorien, die die kosmischen Abhängigkeiten von Lebens-, Geschichts- und Machtprozessen versinnbildlichen. Virtú ist die ordnende Kraft, die es „Rettergestalten" wie Moses, Romulus oder Theseus ermöglicht, zu gegebener Zeit gerecht zu handeln; Fortuna steht für „die Wogen des Schicksals", denen sich Virtú-Träger entgegenstemmen. Monteverdi lässt Virtú und Fortuna darüber streiten, wer größeren Einfluss auf das Leben der menschlichen Komödie habe. Amor (die Liebe) mischt sich ein, behauptet, dass er die größte Macht besitze und veranschaulicht dies an Nero und Poppea. Bei Monteverdi ist indes keine „romantisierte" Liebesgeschichte zu erwarten. Erst vier Jahre vor der Oper hatte er sein *Achtes Madrigalbuch* herausgebracht mit den *Madrigali guerrieri e amorosi*: „Ogni amante è guerrier" (Jeder Liebende ist ein Krieger), heißt es in einem dieser Lieder, was deutlich macht: Die Liebe zu jener Zeit ist Kampf, Kalkül, Rausch, Sorge und Einfluss. „Ich betrachte dich, ich besitze dich,

ich ergreife dich, ich umschlinge dich“, singen Nero und Poppea dementsprechend im Schlussduett.

In dieser Oper ist selbst Amor kein unschuldiger Waisenknabe, sondern ein Manipulator. Jener Flegel, den Caravaggio in seinem Gemälde „Amor vincit omnia“ [Die Liebe besiegt alle(s), 1601/02] darstellt: Ein verschlagener Bursche, der in aufreizender Pose kess seine Geschlechtsteile zur Schau stellt. Im 2. Akt greift er in die irdischen Geschicke aktiv ein und verhindert ein Attentat auf Poppea. „Ti salverà dall'armi altrui rubelle / Amor che move il sol e l'altre stelle“, singt er mit selbstbewussten Koloraturen: „Vor dem aufbegehrenden Schwert schützt dich Amor, der der Sonne und Sterne Lauf bestimmt.“ Mit der zweiten Zeile zitiert er die letzte Zeile aus Dantes *Göttlicher Komödie* und pervertiert damit das Ideal der göttlichen Liebe im „Paradiso“.

Auf dem Weg zu Poppeas Krönung ist Liebe eine Waffe im Spiel um die Macht. Von den vier Szenen Poppeas mit Nero sind drei „Liebesduette“. Gleich in der 3. Szene des 1. Aktes wird deutlich, dass es mehr um sinnliches Begehren als um Schwärmerei geht. Nachdem beide gemeinsam Ehebruch begangen haben, fordert Poppea den Kaiser mit sirenengleichen Klängen auf, noch länger bei ihr zu bleiben. Vier Mal wiederholt sie ihr „Tornerai?“ (Wirst Du zurückkommen?) mit den unterschiedlichsten Akzentuierungen und nötigt ihn zur Rückkehr. Doch kaum ist er fort, lässt sie die Maske fallen und frohlockt „Speranza, tu mi vai / Il cor accarezzando“ (Hoffnung, du betörst weiterhin mein Herz ... mit dem Traumbild des königlichen Mantels). Hier hat ihre Musik nichts Schmachtendes mehr, sondern offenbart Entschlusskraft und Begehren. In der zehnten Szene besingt man ausgiebig die sexuellen Genüsse bis Nero leidenschaftlich gelobt, die Kaiserkrone mit ihr zu teilen. Bis zu diesem Punkt gibt sich Poppea in ihrem Tonfall bescheiden und hingebungsvoll. Doch dann ändert sich die Klangfarbe und sie beschuldigt den „listigen Philosophen“ Seneca, ihrer Liebe im Wege zu stehen und dem Volk einzureden, „dass eigentlich er das Zepter in der Hand“ halte. Nero gerät außer sich über den „altersschwachen Narren“ und lässt seinem früheren Lehrer den Befehl zur Selbsttötung überbringen. Monteverdi setzt nur ganz wenige instrumentale Akzente. Das Drama spielt sich in erster Linie in den ausdrucksvollen Gesangslinien ab. Durch ihre Kenntnisse antiker Autoren wie Tacitus und Sueton muss den damaligen Besuchern klar gewesen sein, dass das Finale mit dem Duett „Pur ti miro“ (III/8, Ich betrachte

dich), bei dem sich die Stimmen von Nero und Poppea erstmals vereinen, nicht der Beginn einer langen Freundschaft sein konnte. Monteverdi verleiht der Szene einen ironischen Beigeschmack: Sie baut auf einem absteigenden Tetrachord-Ostinato auf, das bereits zuvor erklang, als Nero und Lucano zur Feier von Senecas Tod Lobeshymnen auf die Liebreize Poppeas gesungen hatten (II/5). Eine Musik, zu der man über Leichen gehen kann – zu schön, um wahrhaftig zu sein.
Monteverdi stand auf gutem Fuß mit der Obrigkeit in Venedig, konnte sich über Aufträge nie beklagen und es sich sogar leisten, Angebote aus Mantua, wo man ihn zur Rückkehr bewegen wollte, abzulehnen. In Venedig dürfte sich niemand angegriffen gefühlt haben, zumal die Herrscherfigur Nero in der Oper mehr Widersacher in die Verbannung schickt, als umbringen lässt. Wie später Mozart zeigt Monteverdi die Welt, ohne moralische Belehrungen, einfach, wie sie ist. Offene Opposition hätte sich kein Künstler leisten können. Schon Monteverdi belegt, dass das romantische Ideal von Kulturschaffenden falsch ist: Armut ist keineswegs gut für die Kunstproduktion. Kunst gedeiht im Wohlstand. Und in dem aalte man sich während der Barockzeit geradezu.

5. Barock – Italienische, französische und englische Oper

Unabhängig davon, wie abstrus die Oper als Kunstgattung insgesamt bereits erscheinen mag, ist die Barockoper unter allen Formen die unnatürlichste. Kein Wunder, dass sie erst sehr spät um die Wende zum 20. Jahrhundert wiederentdeckt wurde. Als man nach dem Ersten Weltkrieg in Deutschland Opern nicht mehr im überkommenen kaiserlichen Repräsentationsstil auf die Bühne bringen wollte, boten die Opern Händels, bei denen die Sehgewohnheiten der Besucher noch nicht durch Vergleichsbeispiele geprägt waren, eine willkommene Repertoireergänzung. Da man damals keine Vorstellung davon hatte, wie Händels Opern szenisch ausgesehen hatten, lieferten sie flexibles „Material" für ungewohnte Zugangsweisen, abstrahierte Bühnenbilder und eine vom Schauspiel inspirierte Darstellung. Viele Opern Händels wurden in den 1920er Jahren erstmals in Deutschland aufgeführt und auch heute fasziniert die Barockoper wieder eine neue Generation von Theatermachern, weil sie einen offenen Werkbegriff bietet. Diese Kompositionen sind nicht so genau festgelegt wie etwa jene ab Mozarts Zeit gegen Ende des 18. Jahrhunderts. Bei der Barockoper des späten 17. und frühen 18. Jahrhunderts kann und muss man zuweilen viel mehr zwischen den Zeilen lesen, denn es gibt kalkulierte Leerstellen in der Musik, die die Instrumentalisten und Darsteller mit Flexibilität und Improvisationskunst auszufüllen haben.

Dass Händels Opern wie auch die von Lully und Purcell so lange in Vergessenheit gerieten, hing nicht zuletzt damit zusammen, dass die Oper erst im 20. Jahrhundert ein „historisches Bewusstsein" entwickelte. Im 18. und 19. Jahrhundert war man vornehmlich an neuen Stücken interessiert – es gab viel mehr Uraufführungen, Werke wurden von anderen Bühnen übernommen, und anders als heute bestand das Standard-Repertoire nicht aus Opern, die vor hundert oder mehr Jahren uraufgeführt wurden (was dann zu Versuchen führt, die einstige Aktualität auf angemessene Weise aus dem Geist unserer Gegenwart heraus zu interpretieren und zu „übersetzen").

Im 17. und 18. Jahrhundert – in der absolutistischen Phase zwischen der Gegenreformation bis hin zur Zeit der Aufklärung – de-

lektierte man sich vornehmlich an Stoffen der Vergangenheit, die man ähnlich wie die Cinemascope-Sandalenfilme der 1950er- und 1960er-Jahre mit immer opulenterer Ausstattung auf die Bühne brachte. Oper war damals vornehmlich eine Kunst für die Aristokratie oder zumindest die Wohlhabenden.
Fast ein halbes Jahrhundert nach Monteverdi hatte die Oper auch in Frankreich ihren festen Platz gefunden. Während italienische Komponisten zunehmend auf einem „freien Markt" um die Publikumsgunst kämpfen mussten, gingen diejenigen, für die französische Musiker arbeiteten, in Samt und Seide. Die Oper in der Landessprache steckte in Deutschland und England noch in den Anfängen – Italienisch galt als die Opernsprache schlechthin, während sich Französisch als die „Opern-Zweitsprache" allmählich etablierte. Der deutsche Komponist und Musikschriftsteller Johann Mattheson schrieb seinerzeit: „Die Italiener heben die Musik in den Himmel, die Franzosen erfüllen sie mit Leben, die Deutschen bemühen sich um die Musik, und die Engländer bezahlen dafür gut."[21] Dies charakterisiert treffend den Stellenwert der Musik und der Opern in den einzelnen Kulturen. Neben Italien vermochte sich vorerst nur Frankreich als führende Opernnation zu profilieren. Trotz der Bemühungen um die deutsche Oper bei Heinrich Schütz (1585-1672), Reinhard Keiser (1674-1739), Johann Mattheson (1681-1764) und Georg Friedrich Telemann (1681-1767), sollte erst der 1756 geborene Wolfgang Amadé Mozart ihr entscheidende Impulse geben. England war indes ein Sonderfall. Nach einem fast einhundertjährigen Ringen um die Gattung Oper und Experimentieren mit der Form war es immer wieder zur Debatte um den angemessenen Anteil von Sprache und Musik gekommen. In der italienischen Oper achtete man zunehmend auf die musikalische Ausführung und die vokale Virtuosität, während man in Frankreich das Augenmerk mehr auf eine Ausgewogenheit von Text und Musik richtete. In England hingegen musste sich die Musik gegenüber der Sprache behaupten.

Henry Purcell

Im England des 17. und 18. Jahrhunderts dominierte die Literatur. Christopher Marlowe, William Shakespeare, John Dryden, Daniel Defoe, Jonathan Swift, Alexander Pope, Henry Fielding, Samuel Johnson, Laurence Sterne, Oliver Goldsmith und Richard Sheridan prägten als Dramatiker und Prosaautoren ihre Epoche. Musik galt als Begleiterscheinung von Kirchenfeiern, adeligen und royalen Vergnügungen. Die Oper entwickelte unter diesen Umständen eine spezielle Form, die damals sogenannte „drammatick opera“ bzw. „semi-opera“. Sie ging aus der Schauspielmusik für Bühnenstücke und den Masques des 16. Jahrhunderts hervor, den in Kostümen aufgeführten höfischen Maskenspielen, die zur Erbauung von Angehörigen des Königs in loser Folge Dichtung, Musik, Tanz und Bühneneffekte boten. Die Semi-Oper formte daraus eine dramatische Einheit, doch handelte es sich, wie der Name sagt, um „halbe“ Opern, denn sie waren eine Verbindung von Schauspiel und Musiktheater – halb gesprochenes Drama, halb gesungene Oper. Damit wollte man sich gezielt von der italienischen Oper absetzen, weil den Briten mit ihrer reichen Theatertradition das ununterbrochene Singen auf der Bühne nicht behagte. Unmotivierter Gesang hatte für sie stets etwas Komisches, auch lehnten sie Kastraten weitgehend als unnatürlich ab und setzten auf Countertenöre.

Trotz seines kurzen Lebens ragte Henry Purcell (1659-1695) unter seinen Zeitgenossen derart heraus, dass er bereits kurz nach seinem Tod als „Orpheus Britannicus“ gewürdigt wurde. Im Vorwort zu der 1698 publizierten Liedersammlung schrieb Henry Playford, Purcell werde „besonders für seine Vokalmusik bewundert, weil er eine ausgeprägte Begabung besaß, die Kraft der englischen Worte auszudrücken, womit er die Gefühle all seiner Zuhörer bewegte“.

Die „Semi-Oper“ *King Arthur* (1691) von John Dryden mit der Musik von Henry Purcell ist – ähnlich wie Shakespeares *Henry V* oder Kleists *Herrmannsschlacht* – ein politisches Stück. Es erzählt vom Kampf der Briten unter König Artus gegen die Sachsen und bietet mit der schlichten Arie „Fairest Isle“ (Lieblichste Insel) im 5. Akt ein beinahe volksliedhaftes Loblied auf die englische Heimat. Auf einer vordergründigen Ebene handelt es sich um ein patriotisches Ritterspektakel voller Zeitbezüge, darüber hinaus ist das Stück aber auch als spektakuläre „Bühnen-Show“ voller Effekte angelegt, denn das Werk soll, laut Dryden, „Unterhaltung für Aug und Ohr“ bieten. Dies gelingt vor allem dadurch, dass neben der Sphäre der Menschen, denen die Theaterdialoge vorbehalten sind, sich auch noch Zauberer, Luft- und Erdgeister in dem Geschehen tummeln, deren Welt umfangreich mit Musik ausgestaltet ist. Damit traf man durchaus den Nerv der Zeit, denn dass im Lebenskampf der Menschen und beim Konflikt unterschiedlicher Kulturen noch metaphysische Kräfte eine Rolle spie-

len, war eine durchaus verbreitete Annahme. Auf einer allgemeingültigen Bedeutungsebene bietet *King Arthur* darüber hinaus eine Auseinandersetzung mit dem, was die Welt im Innersten zusammenhält, ja, einen Spiegel der menschlichen Existenz: Die Konflikte Tod und Leben, Krieg und Frieden, Hass und Liebe, Blindheit und Licht, Kälte und Wärme werden thematisiert. Man hört Hymnen auf die englische Heimat, Geisterchöre, emphatische sowie beunruhigende Arien nebst wüsten Liedern. Zudem kontrastieren Kampfgesänge mit Pastoralszenen, die gut zwanzig Jahre nach dem Krieg mit den Niederlanden der Sehnsucht nach Frieden Ausdruck verleihen. Und nur wenige Jahrzehnte, nachdem in England 1565/66 die Pest gut 100.000 Menschen das Leben gekostet hatte und ein Großteil Londons 1666 bei einem verheerenden Brand vernichtet worden war, thematisiert *King Arthur* nicht zuletzt die Irrungen und Wirrungen des Daseins.
Purcells Modernität bestand darin, dass er im Zeitalter der Aufklärung unter anderem Kirchenmusik in seiner Muttersprache (anstatt Latein) schrieb und freier von strengen formalen Vorgaben komponierte. Mitunter verwendet er für Sakralmusik die gleichen Gestaltungselemente wie für weltliche Werke. So ist zu Beginn von *King Arthur* die Opferszene der heidnischen Sachsen „I call you all to Woden's Hall" (Ich rufe euch zu Wotans Saal) im Stil der anglikanischen Kirche für rituelle Szenen abgefasst. Der Chor der Briten „Come if you dare" (Kommt doch, wenn Ihr euch traut) hingegen ist viel lebhafter und melodisch ansprechender gestaltet. Bei Purcell findet sich eine flexiblere Chorbehandlung als später in den Werken Händels. Die Chöre der Sachsen sind vielfach große vokale Fugen und „Brave souls" (Tapfere Seelen) im 1. Akt von *King Arthur* mutet geradezu wie eine Parodie auf teutonischen Akademismus an. Purcells Chorszenen sind normalerweise erweiterte, kunstvolle Madrigale (mit einer ABCA-Form). Zudem entspricht die Sprachbehandlung bei Purcell einem natürlichen Sprachduktus – eine Kunst, die bei Vertonungen englischer Texte erst wieder Arthur Sullivan in der zweiten Hälfte des 19. Jahrhunderts erreichen sollte. Bei dem Lied „How blest are shepherds" im 2. Akt von *King Arthur* handelt es sich beispielsweise bei dem Wort „shepherd" (Schäfer) wie bei tausend anderen englischen Wörtern um einen Trochäus, mit der Betonung lang–kurz. Das Lied steht im 3/4-Takt und entsprechend lässt Purcell die erste Silbe von „shepherd" auf einen betonten Taktteil fallen. Der Wahlengländer Händel hingegen zeigte weni-

ger Feingefühl für die Sprache. Bei der Arie „He shall feed his flock“ (die Nr. 18 in *The Messiah*) erklingt bei der sich anschließenden Wendung „like a shepherd“ (Seine Herde weidet er wie ein Hirt; Isaias 40, 11 bzw. Matthäus 11:28-29) eine durchaus hübsche Phrase, die Händel wahrscheinlich einer sizilianischen Weise des 17. Jahrhunderts entlehnt hat. Allerdings fällt dabei die betonte Silbe von „shepherd“, das „shep-“, auf den schwachen Taktteil und die unbetonte Silbe „-herd“ auf den betonten Schluss. Purcell hingegen lässt musikalische Phrasen, so lang sie auch sein mögen, so abschließen, dass die Worte am Ende auch in diesem natürlichen Rhythmus gesprochen werden können.
Ein Klangelement, das unmittelbar Emotionen hervorruft, ist Purcells Wortmalerei, die wesentlich subtiler ist als noch in den Vokalwerken aus der elisabethanischen Zeit. In seinem Hymnus an die Musik, der *St Cecilia's Day Ode* (1692) – die Heilige Cäcilie ist die Patronin der Musiker und der Kirchenmusik – findet sich im Einleitungschor die Zeile „fill every heart with love of thee and thy celestial art“ (erfülle alle Herzen mit Liebe zu dir und deiner himmlischen Kunst). Das Wort „celestial“ (himmlisch) lässt Purcell anfangs nur leicht singen. Doch dann scheint es, als werde es von den Stimmen in die himmlischen Höhen emporgehoben, und je höher sie aufsteigen, umso zarter sollten sie klingen. Natürlich prädestinierte Purcell dieser subtile Umgang mit der Sprache für die Oper. In *King Arthur* wird beispielsweise in der Szene der Sachsen (1. Akt, Nr. 9) das Wort „laugh“ (lachen) so vertont, dass der Effekt des Lachens entsteht, oder beim Chor des Volkes der Kälte (3. Akt, Nr. 27) hört man beim Wort „chatter“ (bibbern) das Frieren in der Musik. Eine einzigartige Magie besitzt nicht zuletzt auch die Szene des Frostgeists (the Cold Genius) im 3. Akt: Hierbei handelt es sich um eine „Masque“, bei der die finsteren Mächte der Geisterwelt beschworen werden, um eine „frostige“ Jungfrau durch Liebe zum Dahinschmelzen zu bringen. Der Anführer der Sachsen hat Arthurs Braut Emmeline entführt und bedient sich nun der bösen Kräfte, um vor ihr die Welt des „Cold Genius“ und seines Volks erstehen zu lassen. Die Arie des Frostgeists „What power art thou“ (Welche Macht bist du, die aus der Tiefe mich auferstehen heißt?) bedient sich einer durchaus modernen Ganztonfortschreitung mit einer wellenartigen Begleitung und dem Repetieren pulsierender Achtelnoten in den Streichern, wodurch ein unheimlicher „Bibber-Effekt“ erzeugt wird. Purcell erweist sich als ein so grandioser Melodiker,

dass der konventionelle Generalbass der Barockmusik bei ihm zur Nebensache wird.

Wesentlich für die Wirkung ist, dass die Entwicklung der Instrumentalbegleitung mittlerweile immer mehr vorangeschritten war, obwohl wir uns in dieser Epoche noch in einer Vor-Phase des traditionellen Orchesters befinden. Die Quellenlage ist indes reichlich chaotisch: Eine Originalfassung von *King Arthur* ist nicht erhalten – ein generelles Problem mit Opern aus dieser Zeit. Dennoch deutet alles darauf hin, dass die Orchesterbesetzung vermutlich prachtvoll mit Streichern, starkem Bläserapparat und Schlaginstrumenten ausgestattet war. Während das gesamte Orchester in der Ouvertüre, den Zwischenaktmusiken, Hornpipes und Ritornellen auftrumpfen kann, treten während der Schlachtgesänge der Engländer insbesondere Trompeten hervor und Blockflöten illustrieren die pastoralen Szenen, wobei zu berücksichtigen ist, dass Flöten im 17. Jahrhundert (wie das Saxophon im 20.) eine erotische Komponente besaßen. Die sonore Klanglichkeit trägt dazu bei, die „semi operas" zu etwas bisher nie Dagewesenem zu machen: Drei- bis vierstündige Spektakel – halb Schauspiel, halb Musiktheater –, die das Publikum mit ständig wechselnden Effekten in den Bann ziehen.

Die einzige durchkomponierte Oper, die Purcell hinterlassen hat, ist mit gut 60 Minuten Länge erheblich kürzer: *Dido and Aeneas*. Das Werk entstand vermutlich für ein professionelles Ensemble, jedoch fand die erste nachweisbare Aufführung im Frühjahr 1689 an einem Pensionat für junge Damen der feinen Gesellschaft in Chelsea statt. Ausgehend von Vergils *Aeneas* erzählt die Oper von der unerfüllten Liebe der Königin von Kathargo, Dido, zu dem trojanischen Prinzen Aeneas, den nach seiner Flucht aus Troja ein Sturm an ihre Küste verschlagen hat. Doch eine mit Dido verfeindete Zauberin ruft die Mächte des Bösen herbei und beschwört einen Geist, er solle in der Gestalt Merkurs dem Aeneas erscheinen und ihn an seine Aufgabe erinnern, sich weiterhin auf die Suche nach den Gestaden Italiens zu machen. Aeneas verlässt die völlig desillusionierte Dido, die sich daraufhin selbst tötet. Ihre abschließende Arie „When I am laid in earth" (Wenn ich ins Grab gelegt werde) steht in g-Moll, einer Tonart, die generell mit dem Tod in Verbindung gebracht wird (auch die Arie der Pamina im 2. Akt von Mozarts *Zauberflöte* steht in g-Moll). Über einem chromatisch absteigenden Generalbass, der elf Mal repetiert wird, vollzieht sich Didos Klage, die in der mehrfach wiederholten, dabei vokal unterschiedlich ausgezierten Phrase „Remember me, but, ah, forget my fate“ (Gedenket mein, doch vergesst mein Schicksal) gipfelt, was ihre Bitte umso eindringlicher wirken lässt (auch Pamina wiederholt am Ende ihrer Arie mehrfach das Wort „Tod“ und ziert es mit Kantilenen aus, ganz so als ob sie sich mit dem Gedanken, bald ihr Leben auszulöschen, allmählich anfreundet). Noch nachdem Didos Gesang geendet hat, findet die Wehmut über ihr Los Ausdruck im letzten Orchester-Ritornell.

Purcells Oper *Dido und Aeneas* erzählt von der Tragik des Abschieds und der Trennung. Insgesamt ist das Werk eine Ensembleoper, in der es kaum eigenständige Arien gibt, sondern ausgedehnte Momente mit den Protagonisten und über zwanzig, zuweilen sehr kurze, aber intensive Chorszenen. Diese Tradition, dass im Gegensatz etwa zu den italienischen die englischen Opern weniger auf eine Primadonna oder einen „primo uomo“ zugeschnitten sind, sondern auf das Miteinander der verschiedenen Solisten, setzt sich später in den Opern von Sullivan und Britten fort.

Wie bei anderen Barockkomponisten wurde auch Purcells Opernschaffen erst Anfang des 20. Jahrhunderts für die Opernbühne wiederentdeckt. Nachdem die Purcell Society zwei Jahre nach ihrer Gründung ab 1878 mit ihrer Werkausgabe begonnen hatte, kam es 1900 zur ersten Inszenierung von *Dido and Aeneas* in neuerer Zeit durch die gerade gegründete „Purcell Operatic Society“ für Werke des frühen Musiktheaters. 1911 wurde Purcells Semi-Opera *The Fairy Queen* erstmals seit 1693 wieder aufgeführt (vorerst nur konzertant durch den Komponisten Gustav Holst mit Studenten des Morley College); erst 1920 folgte eine moderne Bühnenproduktion in Cambridge.

Da Purcell jung verstorben war, konnte er die Entwicklung der englischen Oper nicht weiter voranbringen. Die Stelle eines ihm gleichrangigen Nachfolgers blieb bis zum Auftreten Arthur Sullivans im 19. Jahrhundert vakant. Doch England war ein reiches Land und man stellte bald fest: Die immer mehr Aufmerksamkeit erregende neue Kunstgattung der Oper ließ sich auch importieren.

Georg Friedrich Händel

Als Händel (1685-1759) anno 1712 endgültig nach London übersiedelte, war die Oper erst gut 100 Jahre alt. Doch um Missverständnissen vorzubeugen, sei gleich darauf hingewiesen: Zur Entwicklung der englischen Oper hat Händel nichts beigetragen. Dabei lebte er 47 seiner 74 Lebensjahre in seiner Wahlheimat Großbritannien, obwohl er die Sprache nur unzulänglich beherrschte. Nach Ansicht des englischen Komponisten Michael Tippett (1905-1998) wird zu selten erkannt, dass die Textbehandlung Händels „unser korrektes Sprachgefühl beeinträchtigt hat", ja, dass „die englische Händel-Verehrung und später die von Mendelssohn, jeden denkbaren Einfluss von Purcell wirkungsvoll zunichte gemacht" hat.[22] Händel, obwohl Deutscher, war in erster Linie ein Repräsentant der omnipräsenten italienischen Oper. Seine frühen Beiträge zur deutschen Oper sind nicht der Rede wert, in englischer Sprache schrieb er ab 1741 ausschließlich Oratorien und Kantaten, lediglich *Semele* (laut Händel „After the Manner of an Oratorio") und *Hercules* („A New Musical Drama") sind dramatische Oratorien mit einem weltlichen Thema, die Händel jedoch nie szenisch aufführen ließ.

Die italienische Oper lernte er eingehend während seiner Studienreise von 1706 bis 1710 kennen, bei der er sich in Florenz, Rom, Neapel und Venedig aufhielt. Zwischen 1711 und 1741 produzierte Händel dann in London 36 Opern in italienischer Sprache. „Produzierte" – man muss es so formulieren, denn Händel arbeitete nicht nur als Komponist, sondern auch als Theatermanager und Dirigent, der, wenn die Zeit drängte, auch bedenkenlos Musik einer Arie aus anderen Werken einem neuen Text anpasste. Bei diesem sogenannten „Parodie-Verfahren" (nach dem griechischen Wort parōdía, παρωδία, „Gegenlied") wird das Original nicht verulkt, sondern für neue Zwecke entlehnt – ein in der Barockzeit gängiges Verfahren. In Anbetracht dieses „Baukasten-Prinzips" ist es bedenklich, von einer „Psychologie" in Händels Opern zu sprechen. Händels Bühnenwerke sind in erster Linie Illusions-Spektakel: Zauber-Opern wechselten sich mit Helden-Opern ab, die stets mit großem Aufwand auf die Bühne gebracht wurden. Händel-Opern bieten also keine Psychologisierung im Sinne einer individuellen Erkundung des inneren Erlebens oder einer Verhaltensanalyse eines Charakters in außergewöhnlichen Situationen. Bei ihm interagieren die Personen nicht in komplexen Ensembleszenen. Nichtsdestotrotz sind Händels Figuren mehrschichtig angelegt. Diese Besonderheit unterscheidet ihn von seinen Zeitgenossen, was bereits Besuchern der damaligen Aufführungen auffiel. Der Autor und Historiker James Ralph bemerkte, dass Händel „den Zorn von Tyrannen, die Leidenschaf-

ten der Helden und die Nöte von Liebenden im heroischen Stil" zu gestalten vermag, während ein Bononcini „seufzende Hirten, blökende Herden, zwitschernde Vögel und murmelnde Bäche im Hirtenton" bietet oder ein Ariosti „gute Kerkerszenen, Märsche für eine Schlacht und Menuette für einen Ball im *Miserere*". Dieser Bononcini, so Ralph, „umfächelt uns in den Hundstagen mit einer italienischen Brise und wiegt uns sanft wispernd in den Schlaf", Händel hingegen „wärmt uns bei Frost und Schnee, indem er durch passende Musik jede Leidenschaft erweckt."[23]
Zu Händels Zeiten wird in einer italienischen Barockoper die Geschichte in einer Mischung aus Rezitativen und Arien erzählt, wobei sich die eigentliche Handlung in dem zumeist vom Cembalo, nur gelegentlich vom Orchester untermalten Sprechgesang vollzieht – dem „Recitativo secco" (trocken, nur mit Tasteninstrument) bzw. dem „Recitativo accompagnato" (begleitet vom Orchester oder mehreren Instrumenten). Die selten vorkommenden Duette sind die äußerste Form der gesungenen Kommunikation, der Hauptbestandteil der barocken Oper ist die Arie. Davon haben die Protagonisten gleich mehrere pro Stück, die jedoch alle unterschiedlich angelegt sind. Geboten werden Emotionen in ihrer reinsten Form: als „Affekte" (vom lateinischen Wort „afficere", d. h. in eine Stimmung versetzen). Entscheidend war nicht, diese Affekte wie etwa in einer Verdi-Oper zugleich leidenschaftlich auszuleben, sondern vielmehr, sie zu beherrschen, wie es auch die Literatur der höfischen Gesellschaft vorgab. In der Barockoper lösen sich die Figuren von der Handlung, um in ihrem Solo den jeweiligen Affekt kontrolliert vorzustellen und sich ihrer selbst zu vergewissern. Diese Beherrschung der Affekte signalisiert auch die formal kontrollierte, in sich geschlossene ABA-Form der sogenannten Da-capo-Arie, bei der nach einer Variation im Mittelteil der Beginn noch einmal („da capo") wiederholt wird. Die jeweiligen Situationen konnten beispielsweise in einen pathetischen Gesang münden, Liebesgluten beschreiben, Leichtsinnigkeit, Unruhe, Zärtlichkeit, Hass oder Rache – „Affekte" werden in der rhetorisch-gestischen Motivik der Arien lebendig. In Händels Gesamtwerk dürfte sich für jeden denkbaren Affekt die passende Arie finden. Verschiedene Gemütslagen stehen häufig in Verbindung mit bestimmten Tonarten: G-Dur etwa für heitere Momente, F-Dur für ruhige, pastorale oder idyllische Szenen, fis-Moll für Leiden, um nur einige Beispiele für die Tonartencharakteristik zu nennen. In einer Arie wird die Figur für

wenige Minuten zur Inkarnation bestimmter Zustände und Empfindungen. Das vollständige Charakterbild einer Persönlichkeit ergibt sich erst durch die Synthese der Arien, die eine Person im Laufe der Oper vorträgt. Die Streicher und die Continuo-Gruppe bilden die Grundlage des Orchesters, das bei Händel zum gleichberechtigten Partner des Solisten bzw. der Solistin wird. Soloviolline, Flöten, Oboen oder Fagotte bereichern die Klangfarbenpalette. Um eine musikalische Einheitlichkeit zu gewährleisten, gibt es in vielen Händel-Opern eine Grundierung durch eine bestimmte Tonart, die in der Ouvertüre oder zu Beginn eines Aktes eingeführt wird, ab und zu wieder auftaucht und im Finale bestätigt wird.
Unter diesen Grundvoraussetzungen sind Händels Opern kontrastreich und besitzen durch die starken Affekte eine besondere Energie. In *Giulio Cesare in Egitto* (Julius Caesar in Ägypten, 1724) wird ein abwechslungsreiches Intrigenspiel geboten. Cleopatra becirct Caesar, ihr zur Herrschaft zu verhelfen. Doch der Eroberer muss sich darüber hinaus noch gegen Attentatsversuche und Verrat zur Wehr setzen. Da das „lieto fine", der glückliche Ausgang, selbst bei tragischen Geschichten zum Standard der Barockopern gehörte, wurde ungeachtet aller Ungereimtheiten das „Happy end" herbeigezwungen – wenn es gar nicht anders ging, mitunter sogar unter Zuhilfenahme eines „deus ex machina", einer Gottheit aus der (Theater-)Maschine, die alles zum Guten regelt. Barockopern entbehren nicht selten der Logik. Sie bieten indes eine synthetische Dramaturgie, bei der erst die Summe der einzelnen Bausteine ein abgerundetes Gesamtbild ergibt (bei Opern des 19. Jahrhunderts hingegen vermitteln Schlüsselszenen wie das Duett von König Philip und dem Marquis von Posa in Verdis *Don Carlos* oder das Duett Holländer-Senta im 2. Akt von Wagners *Der fliegende Holländer* durchaus schon die Kerngedanken der Stücke). *Giulio Cesare* enthält neben der Ouvertüre vierzig Musiknummern – dazu gehören allein acht Arien des Caesar, dem auch etliche vom Orchester untermalte (accompagnato) Rezitative zufallen. Nur Cleopatra ist ihm mit acht Arien ebenbürtig. Welches Bild der Titelfigur wird nun gezeichnet? Er ist ein Mensch, der, obwohl er allen Mordanschlägen entgeht und schließlich seine Gegner auszuschalten vermag, letztlich doch den jugendlichen Reizen der bedeutungslosen Prinzessin eines bereits besiegten Volkes verfällt. Er erliegt ihrer „Politik mit anderen Mitteln" und verhilft der Ägypterin zur Macht. Dies klingt,

als ob es sich nicht gerade um einen willensstarken, dominierenden Charakter handeln würde. Dementsprechend legt Händel die Figur auch an und beleuchtet sie mit ihren Stärken und Schwächen als Privatmann und als Politiker. Bei seinem ersten Auftritt erleben wir Caesar als siegreichen Feldherrn, der selbstbewusst den Triumph über seinen Rivalen Pompeius beim Kampf um Ägypten verkündet [1. Akt/1. Szene „Presti omai“ (Nun soll Ägypten seine Palmen dem Sieger überreichen)]. Auf Bitten von Pompeius Gattin ist er bereit, gegenüber dem Unterlegenen Milde walten zu lassen. Die fesselnde Szene, wenn Tolomeo, Cleopatras Bruder, Caesar als „Gastgeschenk“ den abgeschlagenen Kopf des Pompeius überreicht und alle schockiert reagieren angesichts dieser Demütigung des wackeren Gegners, ist – der Tradition entsprechend – ganz dem vom Cembalo begleiteten Rezitativ überlassen (ein Komponist des 19. Jahrhunderts hätte sich es nicht entgehen lassen, diesen Moment mit packender Orchestermusik voll auszukosten). In der Barockoper ist die Reaktion des Protagonisten wichtiger: Caesars Arie „Empio diro“ (I/3; Mir aus meinen Augen; Ihr seid die Grausamkeit selbst) zeigt einen wütenden Ausbruch des Imperators über diese sinnlose Brutalität, der mit hektischen Streicherfiguren und erregten Koloraturen intensiv ausgemalt wird. In großem Kontrast dazu steht die Klagearie „Alma del gran Pompeio“, die Caesar angesichts der Urne mit der Asche des Ermordeten singt (I/7; Seele des großen Pompeius, die unsichtbar über deiner Asche schwebt – Deine Siege waren nur Schatten; ein Schatten war deine Größe...). Die anrührende, nur von Streichern diskret begleitete Arie kulminiert in der Erkenntnis „So endet eines jeden Schicksal“.
Die nächste Arie zeigt Caesar inspiriert von der durch Cleopatra entfachten Leidenschaft (I/7, „Non è sì vago“, Die Blume auf den Wiesen ist nicht so liebreizend ... wie Dein schönes Antlitz). Doch auch Tolomeo, der seine Schwester Cleopatra im Kampf um die Herrschaft ausstechen will, versucht sich nach seinem „Faux pas“ mit Pompeius wieder bei Caesar einzuschmeicheln. Nachdem er gegangen ist, verleiht Caesar seinem Misstrauen in der Arie „Va tacito“ Ausdruck (I/9, Leise und verstohlen schleicht der schlaue Jäger), die mit schrittartigen Bewegungen und einem obligaten Horn – *dem* Jagdinstrument schlechthin – den Textinhalt in Klang verwandelt.
Nachdem nun Caesar bereits im 1. Akt fünf seiner acht Arien gesungen hat, ist schon ein ziemlich deutliches Bild vom Herrscher

und Menschen gezeichnet worden, bevor er nach der Liebesszene mit Cleopatra im 2. Akt durch seine Flucht vor Attentätern erst einmal verschwindet und bis zum Schluss der Oper nicht mehr in Erscheinung tritt. Die Arie „Se in fiorito“ (II/2, „Wenn sich auf der schönen Blumenwiese der Vogel verbirgt ... macht dies sein Lied nur umso entzückender) zeigt seine Vorfreude auf ein Wiedersehen mit Cleopatra, wobei die Solovioline den Vogelgesang imitiert. Als dann die intime Begegnung zwischen Caesar und Cleopatra unterbrochen wird durch die Nachricht, dass Tolomeo Caesar umbringen lassen will, singt der römische Feldherr die kämpferische „Allegro con fuoco“-Arie „Al lampo dell'armi“ (II/8, Im Glanz der Waffen wird meine kriegerische Seele Rache nehmen).
Nachdem Caesar sich nur durch einen Sprung ins Meer hat retten können, sinniert er im letzten Akt in dem einleitenden Rezitativ zu seiner Arie darüber, dass „der Herrscher der Welt nun allein im Wüstensand herumirren muss“, um dann sehnsuchtsvoll seiner neuen Liebe zu gedenken (III/4, „Dall'ondose periglio“, Gerettet aus gefährlichen Tiefen, und „Aure, deh, per pietà“, Winde, ich bitte euch ... spendet mir Trost). Diese Geschehnisse um Caesar in Ägypten an sich sind nicht bloß freie Erfindung, sondern beziehen sich auf die Darstellungen Plutarchs. Die Charakterisierung der einzelnen Figuren ist indes rein fiktiv.
Cleopatra gewinnt im Verlauf der Oper mehr an Profil. Während der Hauptanteil von Caesars Arien bereits im 1. Akt erklingt, verteilen sich die Gesänge der Ägypterin auf jeweils drei Arien im 1. und 2. Akt und zwei weitere im 3. Akt. Mal erscheint sie als Verführerin mit einer Autorität und erotische Ausstrahlung verleihenden tiefen Gesangslinie (I/7, „Tutto può donna vezzosa“, Eine anmutige Frau vermag alles), mal wird sie als einsame Kämpferin gezeigt, wenn in ihrer Arie „Piangerò“ (II/3, Ich werde mein Schicksal beweinen) außer dem von Streichern und Flöte begleiteten A-Teil noch ein vom ganzen Orchester angefeuerter Allegro-Mittelteil hervorsticht, in dem sie droht, dass sie „dem Tyrannen“, ihrem Bruder Tolomeo, noch als Geist erscheinen werde. Bei dieser sogenannten Lamento-Arie (Klagearie) erscheint die ABA-Struktur der Barockarie keineswegs als Schablone, sondern passt sich genauestens den Emotionen an. Nach Caesars Sieg schließlich singt Cleopatra eine traditionelle „Simile-Arie“, eine Gleichnis-Arie, in der sie die Wende der Ereignisse mit einer Errettung aus Seenot vergleicht: „Da tempeste“ (III/6; Wenn das

vom Sturm zerstörte Schiff es doch noch in den Hafen schafft), in der Cleopatra als selbstbewusste Herrscherin präsentiert wird. Wie bei der Titelfigur vermitteln erst ihre gesamten Arien das differenzierte emotionale Spektrum ihrer Persönlichkeit.
Mit zwei Oboen, Block- und Querflöten, Fagotten, vier Hörnern, Harfe, Theorbe, Viola da gamba sowie Streichern (Violinen, Viola und Bass) bietet *Giulio Cesare* eine der reichhaltigsten Opernpartituren Händels. Nach der Uraufführung im Februar 1724 im Londoner King's Theatre wurde das Werk noch in den Jahren 1725, 1730 und 1732 von Händels Opernensemble gespielt. Da die Aufführungsbedingungen sich jeweils änderten, kann man bei Opern des 17. und 18. Jahrhunderts vielfach nicht von unveränderbaren „Werkfassungen" sprechen, sondern eher von „Aufführungsfassungen". So unterschieden sich beispielsweise spätere Versionen von Händel-Opern dadurch von der Uraufführung, dass durch die Wechsel von Sängern Szenen oder Arien gestrichen, um- oder neukomponiert wurden und sich je nach Möglichkeiten auch die Orchesterzusammenstellung änderte, wodurch sich mitunter die Gesamtanlage des Werkes und die Figurencharakterisierung wandelten. Bei der heutigen Umsetzung von Barockopern sind oft viel Recherche und Kreativität gefragt, um eine angemessene „Produktionsfassung" für eine Neuinszenierung zu erstellen. Auch wenn Händel in England viele Anhänger hatte, galt seine italienische Oper nicht wenigen als zu artifiziell. Nach über fünfzehn Jahren einer geballten Ansammlung von gespreizten Affekten und veredeltem Pathos konnte man sich darüber nur noch lustig machen. Offenkundigster Ausdruck dieser ablehnenden Haltung war 1728 *The Beggar's Opera*, des Bettlers Oper, ein Unterhaltungsstück in englischer Sprache mit Dialogen und Musik. Bei dieser handelte es sich jedoch nicht um Originalkompositionen, sondern um Johann Christoph Pepuschs Adaptationen und Arrangements von Melodien aus Opern Händels und seiner Kollegen, Volksliedern und anderen bekannten Stücken. Die *Beggar's Opera* bedeutete keineswegs ein erneutes Aufblühen der englischen Oper nach Purcell, denn sie ist lediglich eine Reaktion auf Händels Erfolg, ohne den sie nicht denkbar gewesen wäre. Sie begründete das Genre der „ballad opera" (Bühnenwerke mit bearbeiteten und angepassten Musikstücken) und war als erstes Stück seiner Art zugleich der Höhepunkt der Gattung.
Nachdem Händel hatte mitansehen müssen, welcher Erfolg einigen Konkurrenzunternehmen zuteilgeworden war, gerieten seine

folgenden Opern galanter und leichter. So ist *Serse* (Xerxes, 1738) ein markantes Beispiel dafür, wie sich Händel allmählich mehr „Freiheiten“ gestattet und das „Experiment Oper“ weiterführt. *Serse* steht zwischen den mittlerweile etablierten Stilen der „opera seria“ und der „Opera buffa“, denn dieses Werk enthält Elemente von beiden Ausrichtungen der barocken Oper. In Reinkultur handelt es sich bei einer „Opera seria“ um ein repräsentatives Werk der italienischen Oper, das mit Tragödien auf Grundlage historischer oder mythologischer Sujets vor allem der aristokratisch-höfischen Unterhaltung diente. Die Produktion war aufwändig ausgestattet und bot Paradenummern für Sänger (vor allem Kastraten) und Primadonnen. Die „Opera buffa“ war eine heitere Oper, eine volkstümliche Musikkomödie in der Tradition der Commedia dell'arte. Während Aufführungen dramatischer Opern zumeist mehrere Stunden dauern konnten, handelte es sich bei der „Opera buffa“ oftmals nur um kürzere, unterhaltsame Intermezzi. Im Gegensatz zu den Heroen der Opera seria sind ihre Hauptakteure Menschen niederen Standes, wie etwa in Pergolesis *La serva padrona* (Die Magd als Herrin, 1733).
Mit *Serse* bietet Händel seinem Publikum nun eine „Tragikomödie“ mit einem verwirrenden Wechselbad der Gefühle. Doch seine Versuche, in England neue Interessenten für die italienische Oper zu gewinnen, blieben erfolglos. Anfang der 1740er Jahre konnte er sich sein Ensemble und die kostspieligen Produktionen nicht mehr leisten, sodass er sich auf das Komponieren von Oratorien in englischer Sprache verlegte. Dafür waren keine Eindruck heischenden Bühnenbilder und keine teuren Kostüme erforderlich, zudem gelang es Händel, durch die Landessprache neue Publikumskreise anzulocken. Während es in den Opern kaum umfangreiche Chorszenen gegeben hatte, konnte er nun mit wesentlich weniger Arien den Hauptakzent auf große Chöre legen und damit das Repertoire der sangesfreudigen Briten bereichern.

Jean-Baptiste Lully

Während Purcell und Händel außerhalb des Königshofes die Professionalisierung von Musikern und die Kommerzialisierung der Oper vorantrieben, wodurch sie für das neue Genre allmählich den Schritt vom Erbauungs- zum Unterhaltungstheater vollzogen, gedieh die Oper in Frankreich als Spross der absolutistischen Herrschaft. In der Opernwelt war bereits im 17. Jahrhundert die

Globalisierung nichts Ungewöhnliches. Dadurch konnte ein deutscher Komponist zum prominentesten Vertreter der italienischen Barockoper werden, ein deutscher Musiker zum Arrangeur der englischen *Beggar's Opera* und ein in Italien geborener Musiker zum Begründer der französischen Musiktragödie.

Der musikalisch hochbegabte Jean-Babtiste Lully (1632-1687) wurde bereits mit 14 Jahren vom Chevalier de Guise an den französischen Hof gebracht, wo die feinen Damen sich von ihm mit Gitarrenspiel unterhalten ließen und mit ihm Konversation in italienischer Sprache übten (erst 1661 wurde er schließlich Bürger des Landes). Zugleich konnte er seine musikalischen Fertigkeiten vertiefen, woraus sich die Zusammenarbeit mit den Dramatikern Molière und Pierre Corneille ergab. Darüber hinaus ließ sich Lully zum Balletttänzer ausbilden, was ihn ins Umfeld des sechs Jahre jüngeren Königs Louis XIV. brachte.

Das Ballett war in Frankreich die beliebteste Form des musikalischen Theaters. Zugleich wartete der Hof mit dem ersten feststehenden Orchester der Musikgeschichte auf, dem von Louis XIII. gegründeten „Vingt-quatre Violons du Roy", den 24 Violinen des Königs. Diese hatten den englischen König Charles II. bei seinem Exil während der Cromwell-Herrschaft so beeindruckt, dass er sie nach seiner Rückkehr infolge der „glorreichen", weil unblutigen Revolution 1688 auch in seinem Heimatland England etablieren wollte, wovon Purcell profitierte. Lully engagierte sich später für eine qualitative Verbesserung des Hoforchesters. Ausgehend von den französischen Präferenzen entwickelte er zudem eine Opernform, die das gesungene mit dem getanzten Drama verbinden sollte: die Tragédie lyrique.

Das Orchester wird dabei gleich zu Beginn zur Geltung gebracht mit einem feierlichen, einleitenden Musikstück: der Ouvertüre. Französische Ouvertüren der damaligen Zeit hatten im Allgemeinen einen langsam-schnell-langsam-Aufbau, italienische Ouvertüren hingen schnell-langsam-schnell – die eine entsprach den würdevollen, gravitätischen Auftritten bei Hofe, die andere dem südländischen Temperament. Das Geschehen einer „Tragédie lyrique" entfaltet sich stets in fünf Akten, die durch getanzte Einlagen, den Divertissements oder „intermèdes", unterbrochen oder verbunden werden. Zumeist gab es einen nur losen Bezug zur Handlung, doch die Tradition hielt sich in Frankreich bis weit ins 19. Jahrhundert hinein – so sahen sich Ausländer wie Verdi noch 200 Jahre später genötigt, bei Pariser Produktionen ihrer Opern zusätzlich Ballettmusik zu liefern, auch wenn diese wie in *Macbeth* oder *Otello* nur die Handlung aufhält; Wagner versuchte bei der Venusberg-Szene im 1. Akt von *Tannhäuser* den Tanz als lustvolles Bacchanal einigermaßen sinnvoll in die Handlung zu integrieren.

Obgleich nun dieser Praxis entsprechend dem Orchester in der französischen Oper eine größere Bedeutung zukam, als in der italienischen, behielt sowohl bei Lully als auch bei Händel eine dem Zeitgeist verpflichtete Ästhetik die Oberhand gegenüber dem Drama. Während Händel für zahlendes Publikum arbeitete, das Bühneneffekte und die Kunstfertigkeit der Starsolisten bewundern wollte, musste Lully dem Geschmack des französischen Hofes verpflichtete Werke mit einem veredelten Kunstcharakter präsentieren. Die Möglichkeiten des zur Verfügung stehenden Klangkörpers nutzend, gestaltete er mittels eines stets von mehreren Instrumenten begleiteten Gesangs „durchkomponierte" Opern, bei denen der Sprache eine große Bedeutung zukam. Französische Opernsänger mussten nicht über einen so großen Stimmumfang verfügen wie italienische Solisten, dafür hatten sie die Texte präzise über die Rampe zu bringen, denn eine Oper, in der man die Worte nicht versteht, erschien den Franzosen wie ein Tanz, bei dem man die Musik nicht hört. Mit diesen Anforderungen entsprangen die Anfänge des französischen Musiktheaters aus den gleichen Prämissen wie zwei Generationen zuvor die florentinische und venezianische Oper in ihrer Gründerzeit, nur dass in Paris die Theaterräume zehn Mal so groß waren, wie etwa der Saal des Palais Royal mit gut 2000 Plätzen.

Um sich nun von der italienischen Oper abzuheben, in der zunehmend die Musik dominierte und sich Schönklang nebst Koloraturen allmählich zum Selbstzweck entwickelten, studierte Lully im Pariser Théâtre de l'hôtel de Bourgogne, einem Vorgänger der Comédie-Française, den Tonfall der Schauspieler, da er die Sprache zum Ausgangspunkt seiner Vertonung machen wollte, nicht die Virtuosität der Solisten. Er trachtete danach, bei seinen Textvertonungen durch häufige Taktwechsel einen steifen, schematisierten Vortrag zu vermeiden, damit die Interpreten singend-sprechend den Emotionen Ausdruck zu verleihen vermochten. Demzufolge spielen rezitativische Passagen in der französischen Oper eine besondere Rolle, während Arien zumeist kurz und oft unscheinbar sind. Zugespitzt umriss der italienische Komödiendichter und Librettist Carlo Goldoni in seinen 1787 in Pa-

ris erschienenen *Mémoires* am Beispiel eines Besuchs in der Pariser Musikakademie den Unterschied zwischen der damaligen Oper französischen und italienischen Stils: „Die Tänzer traten auf – ich dachte, der Akt sei vorüber, ohne eine einzige Arie. Ich sprach deswegen meinen Nachbarn an, der mich spöttisch ansah und mir versicherte, es habe sechs Arien in den verschiedenen Szenen, die ich gerade gehört hatte, gegeben. Wie konnte das geschehen? Ich bin nicht taub; die Stimmen waren zwar immer von Instrumenten begleitet (...), aber ich hielt das für Rezitative".[24]
Ensembleszenen sind bei Lully selten, doch spielt bei ihm der Chor in Pastoral-, Volks- oder Festszenen eine gewichtigere Rolle als in der italienischen Oper. Schließlich musste derjenige, der Lully das sorglose Leben ermöglichte, auch gewürdigt werden. Deshalb wurde stets ein Prolog im Stile der italienischen Renaissanceoper eingefügt, in dem jedoch nicht die Moral und Quintessenz der Handlung von allegorischen Figuren zur Sprache gebracht, sondern Ruhm, Weisheit und Großmut des Königs gepriesen wurden. Innerhalb dieses fest umrissenen Rahmens besitzt Lullys Musik eine ungemein reichhaltige Gestaltungsvielfalt, die es ihm ermöglicht, die vielfältigsten Regungen und Stimmungen der Protagonisten musikalisch zu umreißen. In seiner Oper *Armide* (1686) kommt dem reich besetzten Orchester eine tragende Rolle zu, die der hohen Qualität des Klangkörpers am französischen Hof angemessen ist. Damit setzte er einen anspruchsvollen Standard bei der Vertonung eines Stoffes, der auch viele nachfolgende Opernkomponisten inspiriert hat. Das Drama um die Zauberin Armida und den Kreuzfahrer Rinaldo (frz. Renaud) – erstmals 1575 literarisch erfasst in Torquato Tassos *La Gerusalemme liberata* (Das befreite Jerusalem) – adaptierten unter wechselnder Perspektive beispielsweise Händel (*Rinaldo*, 1711), Salieri (*Armida*, 1771), Gluck (*Armide*, 1777), Cimarosa (*L'Armida Immaginaria*, 1777), Haydn (*Armida*, 1783), Rossini (*Armida*, 1817) und sogar noch Dvořák (*Armida*, 1904).
Bei Lully liegt der Schwerpunkt auf Armides Konflikt, ob sie den Christen Renaud lieben oder, da er eigentlich ihr Feind ist, töten soll. (Bei Händels italienischem *Rinaldo* hingegen steht eher die Perspektive des Mannes bzw. der Kreuzritter im Vordergrund.) Der zentrale Moment kommt bei Lully in der 5. Szene des 2. Aktes, wenn Armide in dem von der Continuogruppe begleiteten Rezitativ „Enfin il est en ma puissance" (Endlich ist er in meiner Macht) schwankt zwischen ihrer Allmacht, dem verzauberten,

schlummernden Christenmenschen den Dolch in die Brust zu stoßen, und ihrer Angst vor einer derart ruchlosen Tat. Auch wenn das Orchester hier stark zurückgenommen wird, versteht es Lully, markante rhythmische Akzente zu setzen. Dann wandelt sich der Charakter der Musik, als Armide durch eine ungeahnte Zuneigung zu Renaud beschwichtigt wird. Eine sanftere Melodik und wohlgesetzte Pausen in der Musik lassen ihr Zögern erahnen und bereiten den Sinneswandel vor. Mit einer menuettartigen Musik lässt Armide, anstatt den Gegner zu töten, einen Zauber wirken, der ihn ihr gefügig machen soll: Renaud soll sich durch ihn in sie verlieben. Letzten Endes gelingt es seinen Getreuen, ihn zu befreien und je nachdem, worauf ein Komponist den Schwerpunkt legt, endet Armide in Verzweiflung (Lully, Gluck), wird zum christlichen Glauben bekehrt (Händel) oder von Renaud/Rinaldo getötet (Dvorak). Auch die französische Oper punktete mit spektakulären Inszenierungen. So verbindet Lullys *Persée*, eine der Glanzleistung des französischen Musiktheaters des 17. Jahrhunderts, sowohl Tanz, Kampfszenen als auch Auseinandersetzungen mit Monstern. Die spannende Geschichte von Perseus, dem Sohn des Zeus und heroischen Sieger über die Gorgo Medusa mit ihrem Schlangenhaupt, bietet reichlich Gelegenheit für Spezialeffekte: Die erhaltenen Originalentwürfe der ersten Aufführung weisen das Stück als ein glanzvolles Spektakel mit Göttern und Göttinnen, fliegenden Maschinen und Meeresungeheuern aus. Künstler wie Marc-Antoine Charpentier (1634-1704) und Jean-Philippe Rameau (1683-1764), Händels wichtigster Zeitgenosse, führten noch bis in die Zeit des Spätbarock und des Rokoko hinein Lullys Tradition fort. Schließlich wurde die höfische Oper des Ancien régime 1789 durch die Französische Revolution endgültig hinweggefegt. Doch bereits zuvor hatten Gluck und Mozart die Grundsubstanz der Oper neu definiert.

6. Das 18. Jahrhundert
Humor und Tragik

In einer Epoche, in der die Menschen beginnen, die Welt zu vermessen, Präzision schätzen zu lernen und die wissenschaftliche Forschung voranzutreiben, werden auch zunehmend genauere Partituren gedruckt. Darüber hinaus vermitteln spätestens ab Mitte des 18. Jahrhunderts eine größere Anzahl erhaltener Briefe, Artikel und Vorworte zu Notenveröffentlichungen mehr von den künstlerischen Absichten der Komponisten. Allmählich kristallisiert sich auch heraus, dass es in der Operngeschichte immer wieder zu Trendwenden und einem Überdenken der Gattung kommt: Phasen, in denen Werke von hoher Komplexität bis hin zu solchen von nur noch um sich selbst kreisender, unnatürlicher Künstlichkeit entstanden sind, wechseln sich ab mit jenen, die Künstler zur Besinnung kommen lassen und die Frage aufwerfen, ob das Erreichte mittlerweile nicht bloß noch Imitation, Schablone ist.

Christoph Willibald Gluck

Im Vorwort zu seiner Oper *Alceste* (1776) betonte Christoph Willibald Gluck (1714-1787), er wolle „die Musik wieder auf ihre wahre Aufgabe zurückführen: dem Drama in seinem Ausdruck und seinen wechselnden Bildern zu dienen, ohne die Handlung zu unterbrechen oder sie durch unnützen und überflüssigen Zierrat zu hemmen."

Dies beinhaltete sowohl Spitzen gegen die italienische als auch die französische Oper. Die Entwicklung der Oper zum Unterhaltungstheater hatte unweigerlich dazu geführt, dass Bühnenstars Einfluss auf das Geschehen nehmen konnten. Unabhängig von den dramatischen Intentionen eines Komponisten bestimmten sie vielfach, ob ihnen eine Arie konvenierte oder ob sie eine neue geschrieben wünschten. Nicht selten wurden sie sogar selbst „kreativ" und verzierten ihren Gesang nach eigenem Gutdünken mit Trillern, Koloraturen und Spitzentönen, die ihre Virtuosität und nicht die emotionale Befindlichkeit der Bühnenfigur in den Vordergrund stellte. Als Konsequenz der nunmehr einsetzenden Massenproduktion von Opern, mit der der Bedarf von Bühnen und Publikum befriedigt werden musste, ergab sich, dass die allmählich entwickelten Standards zur Routine erstarrten (beispielsweise die Rezitativ- und ABA-Arien-Abfolge oder die Tanzeinlagen der französischen Oper). Versatzstücke wurden nur noch schablonenhaft aneinandergereiht, ohne sie mit einem von der Handlung inspirierten Gehalt substanzreich und dem Geist der Situation entsprechend auszufüllen. Für die überwiegende Mehrheit der Komponisten war es einfacher, standardisierte Formtypen der Oper zu übernehmen, anstatt sie zu hinterfragen, den Inhalt der Stücke angemessen zu reflektieren und folglich eigenschöpferisch tätig zu sein.

Doch in der Phase zwischen der „Glorreichen Revolution" in England (1688) und der Französischen Revolution (1789) gab es mit der Aufklärung in Westeuropa eine geistesgeschichtliche Entwicklung, die eine gesellschaftskritische Bewegung einleitete, welche die Menschen ermutigte, sich des eigenen Verstandes zu bedienen, und die den Prozess der Säkularisierung der modernen Welt vorantrieb. Auf der Bühne thematisierte man ohnehin seit Generationen Konflikte zwischen Leidenschaft und Pflicht, und in der Folge entwickelten sich die Darbietungen zum aufgeklärten Bildungstheater, dessen Ziel nicht lediglich Unterhaltung, sondern die Inspiration mündiger, geistig reifer Zuschauer war.

Gluck strebte an, wie er im Februar 1773 im *Mercure de France* schrieb, „die lächerliche Unterscheidung zwischen den verschiedenen Stilen nationaler Musik ein für allemal abzuschaffen."[25] Damit wandte er sich ausdrücklich gegen die Selbstdarstellung und Willkür einzelner Sänger oder Primadonnen in der italienischen Oper, bei der die Musik den Inhalt überlagerte, sowie gegen die orchestralen Manierismen und die Tanzeinlagen der französischen Oper. In die gleiche Richtung hatte auch Jean-Jacques Rousseau seit 1752 argumentiert und seine Haltung zuletzt in seinem *Dictionaire de musique* (1767) bekräftigt. Der einzige Unterschied bestand darin, dass Rousseau die Vorlagen des am meisten verwendeten Textbuchautors Metastasio (1698-1782) über alle Maßen schätzte, während Gluck ihn, selbst wenn er anfangs Libretti von ihm vertont hatte, wegen seines gekünstelten Pathos ablehnte.

„Da ist keine hergebrachte Regel", resümierte Gluck im Vorwort zu *Alceste*, „die ich nicht glaubte nach Belieben zu Gunsten der Wirkung opfern zu dürfen." Er strebte an, den Fokus auf das Drama zu legen und ein Gleichgewicht zwischen Text und Musik herzustellen. „Wie groß auch das Talent des Tonsetzers sei", betonte Gluck im *Mercure de France*, „er wird immer nur mittelmäßige Musik machen, wenn der Dichter in ihm nicht jene Begeisterung zu erwecken vermag, ohne die alle Gebilde der Kunst nur matt und leblos erscheinen."

Gluck: Iphigénie en Aulide

War *Orpheus und Euridice* ungeachtet aller Neuerungen durch einen Kastraten in einer Hauptrolle durchaus noch der Barockoper verpflichtet, so bewies Gluck in der Oper *Iphigenie in Aulis* (1774), der fünf Jahre später noch *Iphigenie auf Tauris* folgte, was er unter einem freieren Umgang mit den Formen und der Vertonung des Wortsinns verstand.

Er nahm es in Kauf, dass sich die Sängerin der Iphigenie darüber beklagte, ihr sei keine „große Arie" zugedacht. Der hartnäckige Gluck überwachte bei den Proben, dass alles nach seinen Vorstellungen umgesetzt wurde: Eine Opernaufführung sollte nicht lediglich eine Aneinanderreihung von Auf- und Abtritten der Solisten sein, sondern ein Miteinander-Agieren und Aufeinander-Reagieren der Protagonisten, die nicht nur ausdrucksvoll zu singen hatten, sondern bei denen Deklamation und Darstellung zu einer Einheit verschmolzen. Durch seinen Sachverstand, seine Ausdauer und seine Überzeugungskraft vermochte Gluck das anfangs widerspenstige Ensemble für sich einzunehmen und zu überzeugen. Gluck realisierte für die Opernbühne Lessings Forderungen, dass in Trauerspielen „Handlung" nicht darin zu bestehen habe, dass „der Liebhaber zu Füßen fällt, die Heldin ohnmächtig wird, die Helden sich balgen", sondern dass „auch jeder innere Kampf von Leidenschaften, jede Folge von verschiedenen Gedanken, wo eine die andere aufhebt, eine Handlung sei".[26] Damit übernahm Gluck die Haltung der Aufklärung, den Menschen als Individuum zu betrachten, anstatt ihn wie in der Barockoper der Mechanik der Affektenlehre zu unterwerfen.

Auch wenn die *Iphigenie*-Opern wieder auf antike Themen zurückgreifen, stehen Menschen der Gegenwart auf der Bühne, denen ein individueller Ausdruck zu eigen ist. Ihr Dilemma besteht in der Freiheit: Sie müssen wählen, ob sie für oder gegen die ihnen auferlegten Pflichten und Aufgaben votieren. Dieser Konflikt der persönlichen Entscheidung wird in *Iphigénie en Aulide* auf die Spitze getrieben: Das griechische Heer hat sich in der Hafenstadt Aulis versammelt, um zum Krieg nach Troja aufzubrechen. Die Göttin Artemis versagt ihm die günstigen Winde zur Über-

fahrt, weil der Anführer Agamemnon bei der Jagd unbedacht eine der Göttin geweihte Hirschkuh erlegt hatte. Doch die Göttin bietet Versöhnung an: Damit Agamemnon den von ihm verursachten Schmerz nachempfinden kann, fordert sie als Gegenleistung von ihm, seine Tochter Iphigenie zu opfern. Hin- und hergerissen zwischen väterlicher Zuneigung und Verantwortung einem ganzen Volk gegenüber, zögert Agamemnon.
Bereits das Orchestervorspiel illustriert die desparate Situation, in der er sich befindet. Der König greift mit seiner Rezitativ-Klage „Diane impitoyable“ (Erbarmungslose Diana) gleich zu Anfang melodisch den Moll-Beginn der instrumentalen Einleitung auf, die nicht allein einen dekorativen Zweck erfüllt, sondern den seelischen Konflikt musikalisch schildert. Die Schmerzenslaute der Solooboe begleiten den inneren Kampf des Königs von der Ouvertüre bis zu seiner c-Moll-Arie „Peuventils ordonner qu'un père?“ (I/3, Können sie einem Vater befehlen?). Es war keineswegs ungewöhnlich, dass nunmehr die Holzblasinstrumente bei einem Solostück der Begleitung der Streicher weitere Klangfarben hinzufügen oder gar im Mittelteil einer Arie den Gesang solistisch begleiten. Neuartig war jedoch, dass Gluck die Oboe nun einsetzt, um mit langgezogenen Appoggiaturen den von Agamemnons benannten „cri plaintif de la nature“, dem „Klagelaut der Natur“, klanglich Ausdruck zu verleihen – ein rein dekoratives Element wird bei Gluck zum dramatischen Echo.
Agamemnon will seine Tochter nicht opfern und gelangt zu der Einsicht, dass seine Vatergefühle wahrhaftiger sind als alle Götterorakel. Doch muss er, hin- und hergerissen zwischen Staatsraison und Privatleben, eine Möglichkeit finden, zu einer Lösung zu gelangen. In dem Dilemma zwischen Pflicht und Neigung sahen sich auch die Komponisten. Glucks Bestreben, „der Dichtung zu dienen“, führt ihn dazu, wie er sagte, der Situation jeweils angemessen „eine edle, empfindsame und natürliche Melodie zu suchen, um mit genauer Deklamation gemäß der Prosodie einer jeden Sprache und dem Volkscharakter die Mittel zu bestimmen“.[27]
Die heftigen Umschwünge zeichnen Agamemnon als einen gespaltenen Charakter. Getrieben vom Erwartungsdruck seines Volks wagt er nicht die offene Rebellion gegen die Götter, sondern versucht unter Vorwänden, Iphigenie der Hinrichtung zu entziehen. Am Ende des 2. Aktes kommt er im Rezitativ zu der Erkenntnis, „Les Dieux ont fait mon crime“ (Die Götter machen mich zum Mörder). Doch einen Ausweg weiß er nicht. Er laviert

nur und gelangt letztlich lediglich zu Zwischenlösungen. Iphigenie hingegen lernt von Szene zu Szene hinzu und durchlebt eine Persönlichkeitsentwicklung. Bei ihrem ersten Auftritt (I/5) wirkt sie wie ein naives, leicht manipulierbares junges Mädchen. Um sie vom Lager fernzuhalten, reden ihre Eltern ihr ein, dass ihr Freund Achill untreu gewesen sei. Ihre Arie „Hélas, mon cœur sensible et tendre“ (I/7; Mein zartes, empfindsames Herz hat sich von diesem jungen Helden verführen lassen) zeigt sie schwankend zwischen Zuneigung und Wut. Auch wenn Achill sie in einem Versöhnungsduett von seiner Zuverlässigkeit überzeugen kann, pendelt sie kurz vor der Hochzeit dennoch zwischen Erwartung und Vorsicht [II/4; „Par la crainte et par l'espérance“ (Zwischen Furcht und Hoffnung)]. Der Bund mit dem wichtigsten griechischen Krieger bringt Iphigenie in tödliche Gefahr, denn vor allem Volk verkündet ein Priester, dass nur die Opferung von Agamemnons Tochter die Flaute beenden und dem Heer den Aufbruch ermöglichen kann. Der Konflikt wird in einem Terzett (II/4) vertieft: Während Agamemnons Frau Klytemnästra und Achill entsetzt sind, zeigt Iphigenie Verständnis, denn sie ist überzeugt, dass ihr Vater sie noch liebt und ihn nur die Göttin in diese Zwangslage gebracht hat. Obwohl Agamemnon befohlen hatte, seine Tochter und ihre Mutter heimlich nach Mykene zurückzubringen, lehnt Iphigenie dies ab und will sich der Forderung der Göttin und des Volks stellen. Sie, die bisher immer nur durch andere fremdbestimmt war, entscheidet selbst, dass sie sich für einen höheren Zweck der tödlichen Bedrohung aussetzen will. Ihre kurzes Arioso „Il faut de mon destin“ (III/3, Mein Los ... führt mich ins Grab) und ihre darauf folgende Abschiedsarie zeigen ihre Gefasstheit und sind Ruhepunkte in der Auseinandersetzung mit dem entsetzten Achill.

Auch wenn es paradox erscheint, dass sie sich für ein unmenschliches Ziel, nämlich die Durchführung eines Angriffskrieges, aufopfern möchte, so ist sie doch die Einzige, die sich dem moralischen Dilemma nicht entziehen will, sondern sich ihm stellt (aus heutiger Sicht wäre sie eher als tapfere Widerstandskämpferin in einer Diktatur überzeugend, denn das in der antiken Tragödie aufgeworfene Dilemma bleibt das gleiche: Gibt es ein richtiges Leben im falschen? Lohnt es sich, ein Menschenleben für „höhere Ideale“ herzugeben?).

Das Finale ist in zwei Fassungen überliefert – jener der Uraufführung und jener der Wiederaufnahme im Folgejahr. In beiden

Fällen ist es dem im 18. Jahrhundert erwarteten „lieto fine“ auf unterschiedliche Weise verpflichtet: 1774 verhindert der schwer bewaffnete Achill die sinnlose Tat, woraufhin der Oberpriester verkündet, dass die Göttin auf die Durchführung der Opferung verzichtet. In der überarbeiteten Version wird der Schluss der Urfassung des Euripides angenähert, bei dem Iphigenie zum Lohn für ihren Mut von der Göttin als Priesterin nach Tauris „entrückt“ wird. Bei Gluck tritt die Göttin selbst auf und führt die Familie und das liebende Paar wieder zusammen.

Bei *Iphigénie en Aulide* handelt es sich um Glucks erste Originalkomposition für die französische Bühne, während er bei *Orphée et Euridice* und *Alceste* noch seine italienischen Opern adaptiert hatte. Er bezeichnete das neue Werk als eine „in Musik gesetzte Tragödie“. Hier werden nicht mehr affektgebundene Arien aneinandergereiht wie noch in italienischen Opern, auch fehlt dem Werk das Gespreizt-Artifizielle der französischen Oper. Glucks Musik beschreibt die inneren Zustände der Protagonisten, indem er sowohl den deklamatorischen als auch den ariosen Stil steigert und zu einer Synthese führt – eine Tendenz, die sich bei *Iphigénie en Tauride* weiter fortsetzt. Anstelle statischer Soloarien gestaltet Gluck frei angelegte Szenen, in denen sich Soli, Ensemble- und Chorszenen abwechslungsreich mischen. Das mit je zwei Flöten, Oboen, Klarinetten, Fagotten, Hörnern und Trompeten, drei Posaunen, Pauken, Streichern und Basso continuo umfangreich besetzte Orchester passt unter Verwendung ausdrucksstarker Melodik und Harmonik die Emphase der Musik den Erfordernissen der Handlung an: Bei dem großen Solo der Klytemnästra (III/6) lassen die Instrumente die seelischen Schmerzen, die Schreckensvision vom Opfergang ihrer Tochter und den Ruf nach Vergeltung eindringlich miterleben. Nun weitet sich die einst formal gebundene, im Ausdrucksspektrum begrenzte Arie zu einem Szenenkomplex, der noch in den nachfolgenden Auftritt des Chors hineinreicht – hier erklingt die Stimme eines Menschen, der umgeben ist von emotional kalten, weisungsgebundenen Lemuren. Gluck gelingt die Aufhebung des Pathos (der Barockoper) durch das Ethos (der Aufklärung). Aus den synthetischen Avataren des barocken Repräsentationsstils werden bei ihm Menschen voller Konflikte und Widersprüche.

Erst durch Gluck wandelt sich die Oper zur Musiktragödie, das Mechanische zum flexibel dahinfließenden Klangstrom und das Plakative zum verinnerlichten Seelendrama. Gluck realisierte damit für die Opernbühne das, was große Denker seiner Zeit wie Diderot „von der dramatischen Dichtkunst“ forderten: „O dramatische Dichter, der wahre Beifall, nach dem ihr streben müsst, ist nicht das Klatschen der Hände, das sich plötzlich nach einer schimmernden Zeile hören lässt, sondern der tiefe Seufzer (...) Das vortrefflichste Gedicht ist dasjenige, dessen Wirkung am längsten in mir dauert.“[28]

Wolfgang Amadé Mozart

Mit Glucks Œuvre war Wolfgang Amadé Mozart (1756-1791) bestens vertraut. Er hatte den über 40 Jahre älteren Komponisten in Wien noch persönlich kennen gelernt, ging jedoch respektvoll auf Distanz. In seinen Klaviervariationen KV 455 hielt Mozart 1784 seine Improvisationen über ein Thema von Gluck fest, die er ein Jahr zuvor in einem öffentlichen Konzert in Anwesenheit des Altmeister geboten hatte. Die Musik stammt aus Glucks letzter komischer Oper *La rencontre imprévue* (1764, Die unerwartete Begegnung), die 1781 auch die Grundlage geboten hatte für Mozarts deutschsprachiges Bühnenwerk *Die Entführung aus dem Serail*.

Mozart konnte in vielem auf Gluck aufbauen. Wie dieser schrieb er sowohl komische als auch dramatische Werke und komponierte Opern in verschiedenen Sprachen. Während Gluck jedoch sich selbst in Wien noch dem Diktum beugte, dass Italienisch die einzig wahre Opernsprache sei, nutzte Mozart die Offenheit von Kaiser Joseph II. für deutschsprachige Aufführungen, um auch der Oper in der Landessprache zur Geltung zu verhelfen. Mozart beherrschte außer seiner Muttersprache Deutsch noch fließend Französisch, Italienisch und die Sprache der Musik, war Praktiker und ein Mensch, der im Hier und Jetzt lebte. Die latinisierte Namensveredelung „Amadeus“ hat er in seinen Briefen nie verwendet. Lateinisch war schon zu seinen Lebzeiten eine tote Sprache, die nur noch von Gelehrten und dem Klerus verwendet wurde. Die Helden der Mythologie interessierten ihn für das Theater nur, wenn er für gut bezahlte Aufträge des Hofes komponierte. Hatte er die freie Wahl, bevölkerte er die Opernbühne mit rebellischen Dienern, Freigeistern, geilen Adeligen, selbstbewussten Frauen und emotional verunsicherten jungen Leuten.

Mozart: Idomeneo (1781)
Selbst in seinen Antiken- und Historienopern gelang es Mozart, Persönlichkeiten mit Tiefencharakter zu erschaffen. In *Idomeneo* (1781) befindet sich der König von Kreta in einem ähnlichen moralischen Konflikt wie Glucks Agamemnon, nur geht Mozart noch einen Schritt weiter, denn für Idomeneo entsteht der persönliche Konflikt nicht dadurch, dass Götter mit Forderungen oder Weissagungen die Menschen in Entscheidungsnöte bringen, sondern der Mensch selbst verstrickt sich durch sein unbedachtes Handeln in Zwangslagen: Als bei der Rückkehr aus dem Trojanischen Krieg das Schiff Idomeneos in einen schweren Sturm gerät, schwört er dem Meeresgott Poseidon, ihm nach sicherer Ankunft im Heimathafen das erste Lebewesen zu opfern, das ihm begegnet. Als er zuerst auf seinen Sohn Idamantes trifft, befindet er sich in einem Dilemma – um sein fahrlässig gegebenes Versprechen einzulösen, müsste er seinen eigenes Kind töten.
Bei *Idomeneo* handelte es sich um eine Auftragsarbeit des Münchener Hofes – zehn Jahre später sollte Mozart für *La Clemenza di Tito* (Die Milde des Titus) in Prag nicht minder gut entlohnt werden. Dass die Wahl auf ihn fiel, überrascht keineswegs, hatte er sich doch durch eindrucksvolle öffentliche Auftritte und die Qualität seiner Kompositionen Anerkennung verschafft: Mozart verkehrte in den höchsten Kreisen und für seine angebliche Armut gibt es keinerlei Belege[29] – im Gegenteil: Er gehörte zu den gut verdienenden Komponisten und konnte es sich sogar leisten, mit *Le Nozze di Figaro* (1786) eine Oper ohne Auftrag zu schreiben, weil ihn das Thema dieses erst zwei Jahre zuvor uraufgeführten Theaterstücks fasziniert hatte.
Doch unabhängig davon, ob es sich wie bei *Figaro* um eine „comedia per musica“ oder wie bei *Idomeneo* um ein „dramma per musica“ handelt – Figuren höheren Standes, seien es Grafen oder Könige, werden bei Mozart stets als zerrissene, emotional unsichere Charaktere gezeichnet. Idomeneo ist ein vom jahrelangen Krieg verrohter Kämpfer, der wahrscheinlich bedenkenlos irgendeinen Fremden geopfert hätte, um seinen absurden Schwur zu erfüllen. Da es sich um seinen eigenen Sohn handelt, versucht er, das Problem zu verdrängen und gibt bis Mitte des 3. Aktes den Namen nicht preis. Er erkennt auch keineswegs sein eigenes Fehlverhalten und lehnt überheblich alle Verantwortung ab. Statt dessen beschimpft er die „grausamen, ungerechten Götter“ und die „grässlichen Altäre“ (I/9). In wie starkem Maße er der „alten

Generation" angehört, wird musikalisch dadurch angedeutet, dass er bei seinem ersten Auftritt noch eine traditionelle „Ombra-Arie" sing (das italienische „ombra" bedeutet Schatten, bezeichnet also eine Szene, in der die Seele von tragischen Umständen überschattet wird). Auch die Klage-Arie „Fuor del mar" (II/3, Dem Meer entronnen, trage ich ein Meer im Herzen) ist ungeachtet ihrer instrumentalen und vokalen Intensität noch der Konvention verpflichtet.

Ihm gegenüber steht sein Sohn Idamantes, der sich in eine Feindin verliebt hat – die trojanische Prinzessin Ilia, die in Kreta gefangen gehalten wird. Auch sie befindet sich in einem Widerstreit der Gefühle: Der Vater ihres Geliebten hat im Krieg ihren eigenen Vater umgebracht, sodass sie zu Recht zwischen Hass- und Rachegefühlen einerseits sowie ihrer Liebe zu Idamantes andererseits schwankt. „Viele unbarmherzige Henker hausen in meinem Innern", heißt es im einleitenden Rezitativ ihrer Auftrittsarie, das immer wieder von erregten Streichereinwürfen unterbrochen wird. Entgegen der Tradition, der zufolge sich eine lyrische Beschwichtigungs-Arie oder eine erregte Rache-Arie anschließen müsste, folgt mit Ilias „Padre, germani, addio!" (I/1, Vater, Geschwister, lebt wohl!) ein Solo, in dem die ganze emotionale Palette von Verlust, Abscheu und Zuneigung ausgelotet wird. Der Schluss der Arie ist von Mozart nicht auf einen applausheischenden Akkord hin komponiert, sondern geht mit dem Ausruf „Ecco, Idamante, ahimè!" (Da kommt Idamantes, weh mir!) unmittelbar in die nächste Szene über. Die Rolle des jungen Idamantes ist für einen Kastraten geschrieben, was der Aufführungspraxis und den Besetzungmöglichkeiten am Münchener Hoftheater zuzuschreiben ist, nach denen Mozart sich richten musste. Doch verleiht er seinen Arien „Non ho colpa" (I/2, Ich bin schuldlos) und „Il padre adorato" (I/10, Den geliebten Vater finde ich wieder und verliere ihn) die Empfindsamkeit und das Feuer der Tenorprotagonisten aus seinen anderen Opern.

Auch wenn diese Besetzung und die hohe Ariendichte noch Überbleibsel aus der barocken „opera seria" sind, so verweisen Mozarts Bündelung von Szenenkomplexen und seine Textkomprimierungen – wie etwa die drastisch gestraffte Verkündung des Orakels – bereits auf das 19. Jahrhundert, dessen Eckdaten – lösgelöst von runden Jahreszahlen – man durchaus auch auf den Zeitraum von der Amerikanischen Unabhängigkeitserklärung (1776) bzw. der Französischen Revolution (1789) bis zum Be-

ginn des Ersten Weltkriegs (1914) beziehen kann. Auch in *Idomeneo* finden die Menschen zu einer neuen Ordnung der ihnen bekannten Welt. Das Opferritual wird am Ende nur dadurch verhindert, dass die Stimme des Orakels verkündet, die Götter verziehen dem Vater Idomeneo sein schweres menschliches Vergehen, nicht aber dem König. Friede werde nur wieder einkehren, wenn Idomeneo abtrete und seinem Sohn die Herrschaft überlasse. Dadurch werden Idamantes und Ilia als modernes Herrscherpaar der Aufklärung inthronisiert, so wie zehn Jahre später in der „bürgerlichen" *Zauberflöte* Tamino und Pamina [Mozart selbst zieht Parallelen zwischen den Opern, indem er den Marsch (II/7) und Schlusschor (III/11) elf Jahre später wieder anklingen lässt].
Neben den individuellen Schicksalen wirft Mozart auch erstmals Schlaglichter auf Volksmassen. Während Glucks Chöre kommentierend oder bestimmte Gruppierungen mimend noch mehr dem Geist der antiken Tragödie verhaftet sind, gestaltet Mozart Chöre realistischer als eine Masse einzelner Menschen, die panisch, aggressiv, zurückhaltend oder fordernd aufzutreten vermögen. Auch in *Idomeneo* kann der Chor noch bloße Staffage sein (in I/3, Intermezzo, II/5 und Finale), aber auch als Volk aktiv werden (II/6) oder als Fernchor hinter der Bühne mit dem Geschehen interagieren (I/7 und III/7). Gluck, noch ganz dem Klassizismus verpflichtet, bringt Idealtypen auf die Bühne; Mozart hingegen realistische Personen.
Den Menschen selbst gestaltet Mozart nicht mehr als Vertreter einer Haltung oder als Musterexemplar bestimmter aneinandergereihter Gemütslagen, sondern als ein ganzes Bündel von Emotionen, die mitunter im Widerstreit liegen können. Dies macht seine Figuren glaubwürdiger als die Arien abspulenden Affekt-Automaten seiner Vorgänger.
In *Idomeneo* spitzt sich der Kampf um Autonomie und Freiheit zu, als der Meeresgott, dem der König das versprochene Opfer vorenthalten will, die Insel mit einem Ungeheuer bedroht. Idamantes ist bereit, sich der Herausforderung zu stellen und es zu bekämpfen. Eine bei Mozarts Vorgängern noch undenkbare Ensembleszene bringt die seelischen Folgen von Fehlentscheidungen und Wagemut auf den Punkt: Das Quartett „Andró ramingo e solo" (III/3, Einsam werde ich umherirren), in dem Idamantes sich von Ilia verabschiedet. Die Tonart Es-Dur verweist auf das Erhabene, das Außergewöhnliche dieses Augenblicks, jedoch schwingt während des gesamten Stücks der Tritonus Es-A mit,

der seit dem Mittelalter als „Diabolus in musica“, als „Teufel in der Musik“ verdammt wurde. Idamantes weiß, dass er bei seiner Unternehmung durchaus ums Leben kommen kann, und Ilia ist sich des drohendes Verlustes und ihrer Isolation mehr als bewusst. Elektra, die Idamantes ebenfalls liebt, schwankt zwischen Rachegefühlen und Trauer, während König Idomeneo erregt den Göttern Vorwürfe macht anstatt sich selbst. Wenn alle Stimmen bei „Soffrir più non si può“ (Mehr kann man nicht ertragen) im Leid vereint werden, reißt bei dem Wort „soffrir“ (leiden) der Grundton ab, und für einen kurzen Augenblick öffnet sich auch musikalisch der Abgrund, vor dem die Protagonisten stehen.
Ab Mozart kann man erstmals von einer „Psychologie“ der Opernfiguren sprechen. Statt purem Wohlklang macht er die Anspannung, unter der die Charaktere stehen, durch die Licht- und Schattenwirkungen seiner Musik emotional spürbar. Auch wenn – verglichen mit *Le Nozze di Figaro*, das nur zur Hälfte oder *Così fan tutte*, das nur zu einem Drittel aus Arien besteht – in *Idomeneo* noch die Arien dominieren und selbst Chorszenen reichhaltiger vorhanden sind als Ensemblestücke, realisiert Mozart hier erstmalig seine ästhetischen Vorstellungen, dass nämlich „bei einer opera (...) schlechterdings die Poesie der Musik gehorsame Tochter sein“ muss. „Da ist es am besten“, resümiert Mozart, „wenn ein guter Komponist, der das Theater versteht, und selbst etwas anzugeben im Stande ist, und ein gescheiter Poet, als ein wahrer Phönix zusammenkommen.“[30]

Mozart: Don Giovanni (1787)

Zwei Wochen nach der Uraufführung von *Idomeneo* zog Mozart nach Wien, wo er sich für die letzten zehn Jahre seines Lebens als freischaffender Musiker niederließ. Dies war nur denkbar, wenn er als Komponist *und* Interpret in Erscheinung trat – bis Mitte des 19. Jahrhunderts blieb es noch üblich, dass Komponisten als Virtuosen zugleich ihre eigenen Werke vorstellten, sei es als Geiger, Pianist oder Dirigent. Mozart spielte seine Klavierkonzerte selbst und dirigierte auch seine Opern. Das Musikleben der Metropole Wien bot die Voraussetzungen, die er suchte: Zwar dominierte unter Joseph II. noch die italienische Hofoper, aber der Kaiser setzte sich auch für das deutsche Singspiel ein, das mit dem Schauspiel zu einem „teutschen Nationaltheater“ zusammengefasst war. Mozart sollte nicht nur der deutschsprachigen Oper entscheidende Impulse geben, sondern auch das italienische Mu-

siktheater bereichern.
Mit Werken wie dem „dramma giocoso“ *Don Giovanni* oder der „Comedia per musica“ *Le Nozze di Figaro* strebte Mozart nach fast 200 Jahren Operngeschichte an, Opera seria und Opera buffa zu einer Synthese zu führen. Bei *Don Giovanni* arbeitete er zum zweiten Mal mit dem Dichter Lorenzo da Ponte (1749-1838) zusammen, mit dem er drei Werke realisieren konnte, die abseits der höfischen Opernkonvention lagen. Bereits wenige Jahre zuvor hatte man sich mit *Le Nozze di Figaro* (Figaros Hochzeit) nach Beaumarchais eines revolutionären Zeitstücks angenommen, 1790 sollte mit *Così fan tutte* (So machen es alle Frauen) eine Gesellschaftskomödie über gefährliche Liebschaften folgen.
Bei *Don Giovanni* handelte es sich um ein nicht minder brisantes Stück. Mozart hatte einen Auftrag aus Prag erhalten, wo das Werk am 29. Oktober 1787 auch uraufgeführt wurde. Der darin zum Ausdruck gebrachte Freiheitsanspruch (in der Szene „Viva la libertá!“ in Finale des 1. Aktes) begeisterte die Böhmen, wobei natürlich auch anti-habsburgische Tendenzen mitschwangen, da das Land seit über 150 Jahren von Österreich aus regiert wurde. Der Wiener Geschmack war viel konservativer und die Wiener Premiere im Mai 1788 wurde kein Erfolg, obwohl Mozart auf Wunsch der Sänger einige Nummern änderte bzw. neu komponiert hatte. Moralische Bedenken dürften auch eine Rolle gespielt haben: Immerhin handelt es sich bei dem charmanten, freiheitsliebenden und frauenbetörenden Edelmann Don Giovanni um einen Mörder, der gleich zu Beginn – beim Stelldichein ertappt – den Vater seiner jüngsten Liebschaft tötet. Das Urteil über Mozarts *Don Giovanni* blieb bis ins 19. Jahrhundert hinein zwiespältig, bis Goethe darin ein Drama von faustischen Dimensionen erkannte. Zwar befand man zuvor schon die Musik für vortrefflich, doch sei sie vergeudet an eine geradezu peinliche Themenwahl, hieß es. Hinzu kam bereits zu Mozarts Zeit der Vorwurf des Plagiats. In der Tat war der Don-Juan-Stoff, der älter ist als die Sage von Doktor Faust, bereits im Mittelalter Grundlage für zahlreiche Stücke und Moralitäten.
Noch neun Monate vor Mozart hatte in Venedig Giuseppe Gazzaniga seine Oper *Don Giovanni o sia Il Convitato di Pietra* herausgebracht, deren Libretto da Ponte ungeniert für seine Zwecke ausschlachtete. Zusammen mit Mozart gelang es ihm indes, das traditionelle Sujet zum Gegenwartsstück auszugestalten und den Figuren eine neue Tiefendimension zu verleihen. Ersteres zeigt

sich musikalisch darin, dass gegen Ende des 2. Aktes, wenn Don Giovanni zu Abend isst, die ihn divertierenden Musiker Nummern zitieren, die unter anderem aus *Una cosa rara* (eine im Vorjahr uraufgeführte Oper von Soler) und Mozarts eigener Oper *Le Nozze di Figaro* stammen. Ferner in der Festszene am Ende des 1. Aktes, zu der Don Giovanni Adel, Bürger und Bauern auf sein Schloss geladen hat. Dabei spielen die drei Instrumentalgruppen auf der Bühne einen höfischen, einen bürgerlichen und einen ländlichen Tanz, zu dem die Verfolger Don Ottavio und Donna Anna ein Menuett tanzen (2 Oboen, 2 Hörner, Streicher ohne Violoncello im 3/4-Takt), Don Giovanni mit dem Bauernmädchen Zerlina, seiner neuesten Eroberung, einen Kontertanz (Violinen und Bass im 2/4-Takt), während sein Diener Leporello ihren Gatten Masetto mit einem Deutschen Tanz (Violinen und Bass im 3/8-Takt) ablenkt. Die parallel erklingende Musik erzeugt einen hochmodernen polytonalen Effekt – ein Klangeindruck, der für jene Theaterbesucher nicht ungewöhnlich gewesen sein dürfte, die bei den Redoutenbällen zu Zeiten Kaiser Joseph II, zu denen damals alle Stände geladen waren, durch die Säle gewandelt sind.
Die subtile Charakterzeichnung wird auf zwei Ebenen deutlich. Zum einen gesellschaftlich, wenn man beispielsweise die deftige Musik der Bauernhochzeit (I/7) vergleicht mit Don Giovannis noblen, hypnotisierendem „Là ci darem la mano“ (I/9, Dort werden wir uns die Hand reichen). Hierbei erscheint die Braut Zerlina angesichts des Adeligen wie das Kaninchen vor der Schlange: Sie reagiert fasziniert und ängstlich zugleich („Vorrei, e non vorrei“, Ich möchte und dann doch wieder nicht). Die andere Ebene ist psychologischer Natur. Mozart verflechtet verschiedene Handlungskomplexe miteinander und zeigt das Leben als eine Abfolge von Zusammenbrüchen und Scheitern – eine Welt, in der die vermeintlich universelle Ordnung früherer Epochen aufgehoben ist. Zwischen Donna Annas energischer „barocker“ Rachearie „Or sai chi l'onore“ (I/13; Jetzt weißt du, wer die Ehre mir rauben wollte) und ihrem schmerzvollen Rondo „Non mi dir, bell'idol mio“ (II/12; Sage mir nicht, mein Geliebter, dass ich grausam zu dir sei) liegen bittere Lebenserfahrungen.
Der Frauenheld Don Giovanni und sein Diener Leporello sehen sich drei Konflikten gegenüber: Nachdem der Edelmann im nächtlichen Zweikampf den Vater von Donna Anna umgebracht hat, verfolgt die Tochter den Mörder. Eine ehemalige Geliebte

von Don Giovanni, Donna Elvira, stellt ihm gleichfalls nach, um ihn für sich zurückzugewinnen. Sie wird es sein, die alle neuen Unternehmungen des Don vereitelt. Schließlich macht der Ehemann von Don Giovannis neuer Auserkorenen, dem Bauernmädchen Zerlina, ihm das Leben schwer. Diese einzelnen Handlungsstränge kreuzen und überlagern sich: Verführung, Verfolgung, Verstecken und Entlarvung führen schließlich zur Demontage des Verführers und Mörders. Die Liebe wird gespiegelt durch ihr Gegenstück: Hass und Rache. Zudem wird die Liebe, für Mozart ein wesentlicher Ausdruck der Unabhängigkeit des Menschen, konterkariert durch die Sucht nach Verführung, die niemals Befriedigung findet. Auch wenn *Don Givanni* ein Ensemblestück ist, wird deutlich: Jeder kämpft für sich allein bis hin zur verzweifelten Suche nach einem Ausweg aus den seelischen Trümmern. Auch für Don Giovannis Verfolger wird die Oper zu einer Geschichte von Vergeblichkeiten, da selbst nach der Höllenfahrt der Titelfigur keine Eintracht und Jubelstimmung aufkommt: Leporello möchte sich im Wirtshaus einen besseren Herren suchen, Donna Elvira will enttäuscht ihr Leben in einem Kloster beschließen, Massetto und Zerlina versuchen nun, gemeinsam den Alltag zu bewältigen („Wir gehen heim, um gemeinsam zu essen...“), und Donna Anna schiebt die Heirat mit Don Ottavio um ein weiteres Jahr hinaus. Trotz des spieluhrenartig heruntergespulten, moralinsauren Abgesangs („So endet jemand, der Böses tut!“) ist deutlich – Don Giovanni hinterlässt verbrannte Erde.
Mit der Gattungsbezeichnung „Dramma giocoso“ verweist Mozart darauf, dass er eine Verbindung von Opera seria und Opera buffa anstrebt, bei der „heitere“ gleichberechtigt neben „pathetischen“ Szenen stehen. Auf das hochdramatische Duett von Donna Anna und Don Ottavio „Ma qual mai s'offre“ (I/3, Welch grausames Schauspiel) folgt als Nächstes die furiose Auftrittsarie der Donna Elvira, die einen Buffo-Unterton dadurch erhält, dass sie von den Beobachtern Don Giovanni und Leporello kommentiert wird. Leporellos sogenannte „Registerarie“, in der er Elvira im Allegro-Parlando-Stil den Katalog von Don Giovannis 2065 Eroberungen vorstellt, ist den komischen Nummern zuzurechnen, obgleich der Schluss einen bitteren Nachgeschmack hinterlässt: in den nur drei Takten des Orchesternachspiels wird der Rhythmus des mehrfach wiederholten „quel che fa“ (so macht er's nun mal) von allen Streichern, Horn und Holzbläsern noch einmal bestätigend wiederholt – man weiß nun einmal von der Sexbeses-

senheit dieses Menschen und daran wird niemand jemals etwas ändern können.

Don Giovanni besteht aus einzelnen Nummern und Szenen, die durch Secco-Rezitative miteinander verbunden sind. Doch trotz der konventionellen Struktur bietet das Werk eine einzigartige Vielschichtigkeit der Figuren, denn Mozart bewertet deren Handeln nicht, er beobachtet. Und es gelingt ihm, in den in sich geschlossenen orchesterbegleiteten „Nummern" die psychologischen Voraussetzungen für die „handlungsintensiven" Rezitative zu schaffen. Das Quartett „Ah ti ritrovo ancor, perfido mostro" (I/12, Finde ich dich wieder, treuloses Ungeheuer!) ist der dramatische Wendepunkt des Werkes: In dieser Szene werden alle Konflikte auf Don Giovanni bezogen – sie wird zum Ausgangspunkt seiner Enthüllung als Täter und der sich anschließenden Jagd auf den Schuldigen. Kurz nachdem Donna Elvira dazwischen gefunkt hatte, als Don Giovanni Zerlina schöne Augen machte, platzt sie in ein Gespräch von Don Giovanni mit Donna Anna und Don Ottavio, die sich vertrauensvoll an den Edelmann wegen der Ermordung von Donna Annas Vater hatte wenden wollen. Donna Elvira warnt sie vor der Unzuverlässigkeit Don Giovannis, doch dieser versucht ihnen weiszumachen, dass die stürmische Dame nicht ganz richtig im Kopfe sei. Das Quartett steht in B-Dur, wodurch Mozart eine Parallele herstellt zur Einleitungsszene von Don Giovanni und Donna Anna, die zur Ermordung ihres Vaters geführt hatte. Die melodische Linie von Donna Elvira wird von Donna Anna und Don Ottavio aufgegriffen, die ganz unter ihrem Eindruck stehen. Mit chromatischen Tönen vernimmt man Don Giovannis Gegenbewegung zur Grundtonart B-Dur, was auf seine Verschlagenheit verweist, aber auch einen unheimlichen Eindruck hinterlässt. Die reflektierenden Passagen von Donna Anna und Don Ottavio liegen bei dieser Auseinandersetzung im Widerstreit mit Don Giovannis Gesangslinie und Donna Elviras erregten Protesten. Gegen Ende schwingen sie sich auf Elviras einleitende Melodik ein. Nur kurz, nachdem Don Giovanni sich verabschiedet, wird Donna Anna dann im Rezitativ klar: Sie hat gerade mit dem Mörder ihres Vaters gesprochen!

Das Orchester nimmt regen Anteil am Geschehen. Hatten in *Le Nozze di Figaro* noch Streicher, Holzbläser und Hörner dominiert, so bietet das *Don Giovanni*-Orchester eine reichhaltigere Farbpalette: Es ist mit je zwei Flöten, Oboen, Klarinetten, Fagotten, Hörnern und Trompeten, drei Posaunen, Pauken, Streichern und Cembalo im Orchestergraben fast so stark besetzt wie in *Idomeneo* (wo vier Hörner benötigt werden), bietet aber zusätzlich noch Musiker als Teil des Geschehens auf der Bühne sowie eine Mandoline für ein Ständchen Don Giovannis im 2. Akt. Mozart lässt immer wieder mit ausgefallenen Klängen aufhorchen, wie beispielsweise auch beim Bassetthorn in Sestos Arie „Parto ma tu ben mio" aus *La Clemenza di Tito*, der Militärtrommel in *Così fan tutte*, dem Glockenspiel in der *Zauberflöte* oder der Musik „alla turca" in *Die Entführung aus dem Serail*.

Mozart: Die Entführung aus dem Serail (1782)
Opern in der Landessprache zu komponieren, gehörte zu Mozarts gesellschaftspolitischem Engagement. Damit nutzte er die Gunst des Kaisers, der seit 1776 die Förderung von Musiktheater in der Landessprache wohlwollend unterstützte. Jedoch ließen sich die Stoffe italienischer Opern nicht einfach in deutsch gesungene Stücke übernehmen, da sie zumeist in anderen Gesellschaftsschichten angesiedelt waren und eine eigene Emotionalität besaßen. Mozart musste einen ganz anderen Bühnentypus für die lange vernachlässigte deutsche Oper entwickeln. Zu den wichtigsten Werken gehören die für ein Wiener Vorstadttheater entstandene *Zauberflöte* (1791) und sein Antrittswerk in Wien, die im Burgtheater uraufgeführte komische Oper *Die Entführung aus dem Serail* (1782) – beide wurden zu wichtigen Vorläufern von Werken wie E.T.A. Hoffmanns *Undine* (1816) und Webers *Freischütz* (1821).
Der Zusammenprall zweier Kulturen in *Die Entführung aus dem Serail* ist lediglich vordergründig, da die Handlung in einem Phantasieorient angesiedelt ist – das realistische Bild eines Harems ist in dem Stück nicht zu erwarten. Exotismen, insbesondere aus der osmanischen Welt, waren um die Wende zum 19. Jahrhundert auf westeuropäischen Bühnen genau so beliebt wie der Asienkult um die Wende zum 20. Jahrhundert oder die „Multi-Kulti"-Welle im frühen 21. Jahrhundert. Nicht zuletzt griff Mozart die Türkomanie auch im Finale seines A-Dur-Violinkonzerts KV 219 und dem „Alla turca"-Schluss der A-Dur-Klaviersonate KV 331 auf. Wesentlich in der *Entführung* ist die Charakterisierung der Protagonisten und ihr Verhalten in Ausnahmesituationen. Der spanische Edelmann Belmonte wurde durch einen Seeräuberüberfall von seiner Verlobten Konstanze getrennt. Als er ihren Aufenthaltsort erfahren hat – den Harem eines vom christli-

chen zum muslimischen Glauben übergetretenen Spaniers, der jetzt als Bassa (Pascha) Selim herrscht –, macht er sich auf den Weg, sie zu befreien. In Anbetracht des mächtigen und einflussreichen Gegenspielers werden das traditionelle „hohe“ und „niedere“ Paar (der Komödien) – Belmonte/Konstanze sowie sein Diener und ihre Zofe – zu Verbündeten. Beide durchleben gleichermaßen emotionale Höhen und Niederungen.
Mozart billigt den Vertretern von Orient und Okzident die gleiche Gefühlstiefe zu. Das Lied des Haremswächters Osmin „Wer ein Liebchen hat gefunden“ (I/2) steht mit g-Moll in der gleichen Tonart wie die Klagearie der gefangenen Konstanze „Traurigkeit ward mir zum Lose“ (II/2). Mozarts Arien sind nicht mehr bestimmt durch die barocke Affektenlehre, sondern zeigen sowohl eine Innen- als auch eine Außenperspektive der Figuren. Nachdem man Osmin und Konstanze in ihrer Isolation und Einsamkeit beobachten konnte, zeigt das machtvolle Auftrumpfen in Osmins „Solche hergelauf'ne Laffen“ (I/3) und in Konstanzes Arie „Martern aller Arten“ (II/3) zu welcher Aggressivität und Kampfkraft beide fähig sind. Während der ungeliebte Osmin sich an Grausamkeiten weidet, scheint Konstanze eine geradezu masochistische Lust daran zu empfinden, sich für ihre Liebe quälen zu lassen. Ihre obligaten Begleitinstrumente Flöte, Oboe, Violine und Cello symbolisieren die empfindsame Seite ihres Wesens, während das ausgedehnte Orchestervorspiel und ihre erregten Koloraturen ihr unterschätztes Energiepotenzial offenbaren.
Viel zahmer erscheint dagegen Konstanzes vermeintlicher „Retter“ Belmonte, dessen Arien ihn als eher zögerlichen, blasierten Edelmann erscheinen lassen. Die heldischen Tenorrollen sollten erst im 19. Jahrhundert Verbreitung finden – die lyrischen Tenorpartien des 18. Jahrhunderts präsentieren überwiegend vornehme und edle Charaktere, die nicht selten hinter der femininen Furiosität ihrer Kolleginnen zurückstehen. Überhaupt sind gerade bei Mozart-Opern die Frauen gefühlssicherer und souveräner als die Männer. Das Wiedersehens-Quartett am Ende des 2. Aktes führt Konstanze und Belmonte nach langer Trennung endlich zusammen und es ist der Sopran, der die Melodie des „Welch Entzücken“- und „Welche Wonne“-Jubels im Allegro vorgibt. Dass bei der geplanten Flucht alle in einem Boot sitzen, illustriert bei „Endlich strahlt die Hoffnungssonne“ der Unisono-Gesang der feinen Herrschaften und des Dienerpaares. Dann wendet sich das anfängliche D-Dur zum g-Moll und die Melodie wandelt sich zu

einem holprigen Stakkato-Gestammel, wenn Belmonte und sein Diener im Andante-Mittelteil Zweifel an der Treue ihrer Partnerinnen äußern. Die Zofe antwortet für beide, indem sie ihrem Liebsten eine schallende Ohrfeige gibt. „Nun bin ich aufgeklärt", sagt dieser – eine ironische Anspielung auf den damaligen Zeitgeist kurz vor der Uraufführung von Lessings *Nathan der Weise* (1783) sowie der Publikation von Kants Schrift *Was ist Aufklärung?* (1784) und Schillers Abhandlung *Die Schaubühne als moralische Anstalt* (1785).

Im Grunde genommen fügt Mozart auf kunstvolle Weise die Duette zweier Paare zu einer Viererszene zusammen. Nur einmal singen die Frauen einen anderen Text als die Männer gemeinsam, und zwar beim homophonen A-Dur-Allegro – mit Modulationen nach d-Moll, c-Moll, B-Dur und g-Moll –, in dem Konstanze und ihre Zofe ihre Abscheu über die Verdächtigungen der Männer äußern und diese ihre Genugtuung über deren Treuebeweis verkünden. Tonale Reibungen nebst schwankenden Tempi und Tonarten zeigen die emotionalen Erschütterungen in den Beziehungen. Das abschließend herausgeschmetterte „Es lebe die Liebe!" (mit den Frauenstimmen voran) erinnert an das vermeintliche Jubel-Finale von *Le Nozze di Figaro*, wo die Paare auch nach schweren Zerwürfnissen sich die Wunden lecken und das glückliche Ende geradezu herbeizuzwingen scheinen.

Doch in *Die Entführung aus dem Serail* ist man davon noch weit entfernt. Der Fluchtversuch scheitert und der Bassa triumphiert, denn mit Belmonte hat er nun den Sohn desjenigen in der Hand, der ihn einst in Spanien um Vermögen und Ansehen gebracht und aus dem Land vertrieben hatte. Im Angesicht des zu erwartenden Todesurteils singen Belmonte und Konstanze ein Duett (III/7), in dem Mozart die existenziellen Erfahrungen auf die Spitze treibt: Der emotionale Gehalt steht der Arie der Ilia „Padre, germani, addio!" (*Idomeneo*) und Paminas Arie „Ach, ich fühl's" (*Die Zauberflöte*) nahe. Unvermittelte harmonische Wechsel verdeutlichen Belmontes Verzweiflung über das, was er angerichtet hat. Doch Konstanze führt das Duett mittels eines Trugschlusses nach B-Dur und verleiht der Situation Stabilität. Singt man zunächst noch in versetzten Phrasen, so fallen die Stimmen alsbald in parallelen Terzen zusammen – nur gemeinsam sieht man sich in der Lage, ohne Angst der bevorstehenden Hinrichtung entgegen zu sehen. Das Orchester führt die Melodie nach Es-Dur und versöhnt, eingedenk der gemeinsamen glücklichen Momente, mit

dem Sterben. In einer modernen Oper aus der Epoche der Aufklärung wird der Mensch selbst zum „deus ex machina“: Der Bassa lässt letzten Endes Gnade walten. „Ich habe deinen Vater viel zu sehr verabscheut, als dass ich je in seine Fußstapfen treten könnte“, sagt er und schenkt ihnen die Freiheit. An Stelle der italienischen Secco-Rezitative gibt es in Mozarts deutschen Opern gesprochene Dialoge. Doch eingedenk der Diskrepanz zwischen Bühnensprache und -gesang, lässt Mozart erst dann Musik erklingen, wenn der „Pegel“ der Emotionen so hoch angestiegen ist, dass die Figuren gar nicht mehr anders können, als sich singend Ausdruck zu verleihen. Einzig eine aufgeklärte, emotional stabilere Person wie der Bassa Selim, benötigt keine Musik – im Kontrast zu den übrigen Protagonisten ist ihm eine Sprechrolle zugedacht.
Der schmissige Rundgesang im Finale ist lediglich ein Zugeständnis an die Bühnenkonvention der damaligen Zeit. Die wahren Höhepunkte, in denen sich ein Bewusstseinswandel vollzieht, finden sich im Quartett und im letzten Duett: Das eigentliche Bewusstwerden des Lebens und der Liebe setzt einen Reifungsprozess und die Erfahrung des (nahen) Todes voraus. „Ich lege mich nie zu Bette ohne zu bedenken, daß ich vielleicht (so jung als ich bin) den anderen Tag nicht mehr seyn werde“, schrieb Mozart an seinen Vater.[31] In den tragikomischen Momenten ist einer der größten Musikdramatiker zugleich einer der zurückhaltendsten. Passenderweise notierte, hier im Original zitiert, Mozart auch selbst: „Was mich aber am meisten freut, ist, der Stille beifall.“[32]

7. Das 19. Jahrhundert

Im Laufe des 19. Jahrhunderts verging der Opernwelt das Lachen. Bereits 1824 schrieb Stendhal in seiner Rossini-Biographie über eine der wichtigsten Opernnationen, man könne „fast sagen, dass das Lachen in Frankreich verboten ist“.[33] Für Komponisten wie Gioachino Rossini (1792-1868) war es wie zuvor für Gluck oder Mozart noch völlig normal, sowohl komische als auch ernste Opern zu schreiben. Auch Auber (1782-1871), Weber (1786-1826), Donizetti (1797-1848), Lortzing (1801-1851), Smetana (1824-1884) und Sullivan (1842-1900) waren ähnlich vielseitig. Das Komische wurde aber zunehmend eine Sache der Spezialisten: Und so produzierten in den Ländern, in denen die Oper allmählich etabliert war, Musiker wie Johann Strauss (1825-1899) mit seinen Operetten und Jacques Offenbach (1819-1880) mit seinen einaktigen „operette“ und den mehraktigen „Opéra bouffe“ Unterhaltungs-Massenware, aus der nur wenige Stücke herausragen. Doch die dominierenden Komponisten des Zeitalters glaubten vornehmlich, durch Seriosität und Tiefsinnigkeit Anerkennung zu gewinnen. Wagners *Die Meistersinger von Nürnberg* (1868) wurden anfangs zwar vielfach noch der „komischen Oper“ zugeschlagen, im Laufe der Jahrzehnte aber zunehmend zur bedeutungsvollen „nationalen Festoper“ erhoben. Verdi schrieb nur zwei komische Opern – die erfolglose „Opera buffa“ *Un giorno di regno* (1840) am Anfang seiner Karriere und als letztes Werk die „Commedia lirica“ *Falstaff* (1893), eine der bedeutendsten Musikkomödien, die erst nach reifer Lebenserfahrung entstehen konnte.

Über den Grund dieser Entwicklung kann man nur spekulieren. Mit dem weitgehenden Bedeutungsverlust des Adels gegen Ende des 18. Jahrhunderts gewann das Bürgertum zunehmend an Einfluss und entwickelte sich zum führenden Konsumenten der Oper. Während in der „Opera seria“ zumeist Könige und antike Helden die Bühne bevölkerten, war es in der komischen Oper überwiegend üblich, dass Figuren niederen Standes im Mittelpunkt standen. Honorige Mitglieder der bürgerlichen Gesellschaft, die immer mehr die alte Zuschauerklientel ersetzten, dürften kaum Interesse daran gehabt haben, sich als komische Figuren auf der Bühne verulkt zu sehen, geschweige denn mit den niederen Schichten auf irgendeine Weise in Verbindung gebracht zu werden. Man wollte als respektabel, würdevoll und vornehm angesehen werden. Selbstverständlich billigte dies das Recht zu, sich wie einst der Adel an den „Tragédies lyriques" nunmehr an den dramatischen Werken der neuen Zeit zu delektieren. „In Richard Wagners Werk flüchtet die bürgerliche Ära aus ihrer problemhaften Wirklichkeit in musikumbrausten Mythos", resümmierte Carl von Ossietzky. „Sie flüchtet aus verschwitztem Bratenrock und qualvoller Corsage in den kühlen Harnisch und die weiten fließenden Gewänder der Götter. Sie heroisiert sich, sie reckt sich ins Übermenschliche. Sie harft sich in Hochzeitsmärschen und Feuerzauber aus dem engen Ring der Konvention. Die Frauen schmettern ihre Frigidität mit hohem C allen Männern in die Ohren, und die Männer selbst träumen sich aus dem langweiligen Alltag der Ehe in die siebenjährigen Ferien des Venusbergs."[34]

Das Einzige, das daneben noch Bestand haben konnte, war das neu erwachende Bewusstsein für die Nation. Mit dem Aufstieg des Bürgertums gewannen für die Menschen zugleich die kulturellen Werte einer Sprachgemeinschaft an Bedeutung. Durch Revolutionen oder Zusammenschlüsse einzelner Duodezstaaten errang man Einheit und Unabhängigkeit nebst staatlicher Souveränität – da machte es dann wenig aus, ob Identität stiftende Dokumente wie die angeblich tausend Jahre alte, auf Alttschechisch verfasste „Grünberger Handschrift" eine Fälschung aus dem frühen 19. Jahrhundert war oder sangesfreudige Handwerker des 16. Jahrhunderts und Fantasygeschichten der germanischen Sagen als zur nationalen Schöpfungsgeschichte gehörend stilisiert wurden. Werke wie Verdis *I Lombardi alla prima crociata* (1843, Die Lombarden auf dem ersten Kreuzzug), Wagners *Die Meistersinger von Nürnberg* (1868) oder Smetanas *Libussa* (komponiert 1869-1872, uraufgeführt 1881 zur Eröffnung des Nationaltheaters in Prag) lieferten für jedermann die entsprechend inspirierende, zündende Musik zum Mythos. Bedeutung wurde geradezu gesucht und durfte nicht in Frage gestellt werden.

Nachdem der Adel seine einstige Stellung eingebüßt hatte, musste jeder Bürger Verantwortung für das Funktionieren des Gemeinwesens übernehmen – und das mit allen Konsequenzen. Auf der Opernbühne hatte das „lieto fine", das glückliche Ende, spätestens ab den 1830er Jahren ausgedient: Wenn man sich nicht mehr auf einen „deus ex machina" in hoffnungslosen Situationen oder

die Milde einer höherrangigen Macht verlassen kann, muss man – wie die neuen Opernhelden – mit „svoboda“- (Freiheit) und „all'armi“-Rufen (Zu den Waffen!), angeheizt durch das von der Musik erregte „blühende Blut“[35], selbst in den Kampf ziehen – sei es im Alltag oder später im realen Krieg. Bei Proust heißt es bezeichnenderweise vom Comte de Marsantes, einem Aristokraten, der die Werke Offenbachs schätzte: Wäre er ein „Bourgeois“ gewesen, hätte er Wagner gemocht.
Die komische Oper hatte es schwer, Anerkennung zu finden. Arthur Sullivan, der einzige Komponist, der durch seine Vielseitigkeit im späten 19. Jahrhundert die Tradition von Mozart und Rossini weiterführte, begeisterte mit seinen Werken zwar alle gesellschaftlichen Schichten, wurde aber dafür, dass er wie seine Vorbilder komische *und* dramatische Werke komponierte von den akademischen Kreisen und der zunehmend einflussreicher werdenden Musikkritik ausgegrenzt.[36] Für Bedeutungsvolles *und* gleichzeitige ironische Distanz blieb keine Zeit mehr. Sollte nicht zuletzt auch durch die zunehmende Technisierung den Menschen der Humor abhanden gekommen sein? Die „Industrielle Revolution“ – ein im ersten Drittel des Jahrhunderts analog zur „Französischen Revolution“ geprägter Begriff – veränderte seit dem späten 18. Jahrhundert die Lebensbedingungen tiefgreifend. Die Entwicklung der mechanischen Spinnmaschine, die stetigen Verbesserungen der Dampfmaschine, die Revolution des Verkehrs durch die Eisenbahn, das elektrische Licht, der Bevölkerungszuwachs durch verbesserte hygienische und medizinische Bedingungen, das Anwachsen der Städte, neue Bautechniken und zunehmender Verkehr – all dies trug dazu bei, dass es unter der Oberfläche zu brodeln begann. Der Rhythmus der Maschinen rattert weiter in den stringent durchgehaltenen Rhythmen Rossinis, die fast das gesamte 19. Jahrhundert begleiten. Wenn sich im Finale des 1. Aktes von Rossinis komischer Oper *L'Italiana in Algeri*, (1813, Die Italienerin in Algier) die Intrigen und Verwicklungen auf dem Höhepunkt befinden, äußert sich im allgemeinen Chaos jede der beteiligten Personen nur noch mit mechanischen Lauten bzw. Geräuschen. „Va sossopra il mio cervello“ (Mein Hirn geht drunter und drüber), singen sie und verfallen mit „din din“ (Elvira, Isabella, Zulma), „tac tà“ (Lindoro, Haly), „crà crà“ (Taddeo) und „bum bum“ (Mustafà) in einen lautmalerischen Nonsense, der die Geräuschkulisse der modernen Welt simuliert – eine Welt, in der die Beschleunigung des Lebens zunehmend zu neurasthenischen

Symptomen führt oder wie man heute sagen würde: „Burn-out".[37] Rossinis „Maschinen-Musik" verleiht auch dem Finale des 1. Aktes aus seiner bekanntesten Oper seine elektrisierende Antriebskraft – *Il Barbiere di Seviglia* (1816, Der Barbier von Sevilla), in der die Vorgeschichte zu Mozarts *Le Nozze di Figaro* erzählt wird. Zu Beginn eines neuen Zeitalters sollte Rossini der Oper völlig neue Impulse verleihen.

7.1 Oper als „Vergnügungsindustrie"

In Italien hatte die Oper in dem Jahrhundert vor Rossini nachhaltige Veränderungen erlebt. Der Schwerpunkt des Opernlebens hatte sich vom Norden in Richtung Süden verschoben: Der polyphone, kontrapunktische Stil der venezianischen Oper war allmählich dem harmonischen, melodischen Ausdruck der neapolitanischen Schule gewichen. Dementsprechend hatte auch die Virtuosität der menschlichen Stimme gegenüber dem Orchester zunehmend Beachtung gefunden. Im Gegensatz zu Deutschland war in Italien Orchestermusik so gut wie nicht existent – hier, wie auch in Frankreich, dominierte eindeutig die Oper, die auf dem Weg war, sich zur bedeutendsten Unterhaltungsindustrie im 19. Jahrhundert zu entwickeln.[38] Oper war „Entertainment" und Geschäft zugleich, der Bedarf an neuen Werken groß und die Zahl der Uraufführungen überstieg jene der Wiederaufnahmen. Komponisten der Generation von Rossini und Donizetti verstanden sich als „Handwerker" – Donizetti lieferte über 70 Opern in knapp 30 Jahren, Rossini über 40 in knapp 20; Verdi kam später lediglich auf 26 Opern in einem halben Jahrhundert, was darauf verweist, dass er sich stärker als individuell schaffenden Künstler sah, bei dem die Ausgestaltung einzelner Werke erheblich mehr Zeit beanspruchte. Neben Meyerbeer und Wagner trug er letztlich wesentlich dazu bei, einen Werkstil zu entwickeln, der die heutigen Vorstellungen von „Dramatik" im Musiktheater prägte, der sich aber erst gegen Mitte des 19. Jahrhunderts herausbildete: Dies geschah in Opern, bei denen nicht die Zurschaustellung der Kunstfertigkeit einzelner Interpreten im Mittelpunkt stand, sondern in denen Orchester und Gesang den Emotionen glaubwürdig und wirkungsvoll Ausdruck verleihen.
Werke eines Rossini – und auch jene von Bellini und Donizetti – müssen unter anderen Gesichtspunkten betrachtet werden. Sie entstanden in einer Epoche, in der man den Belcanto zu schätzen

wusste – den „schönen Gesang“. Belcanto ist eine Gesangstechnik, bei der auf die kantable Linie des Vortrags und den nuancierten vokalen Klang Wert gelegt wird. Ausdrucksintensität erreichte man nicht durch wuchtige Stimmen und einen vehementen Einsatz derselben, sondern durch technische Versiertheit hinsichtlich des Legatogesangs, der Messa di voce (den dynamisch an- und abschwellenden Gesangsverzierungen auf einem Ton), der Portamenti, Appoggiaturen und der virtuosen Ausschmückung durch Koloraturen und Fiorituren. Stimmvirtuosität dominierte das Geschehen in einer Belcanto-Oper – der Primo uomo und die Primadonna lenkten auf der Bühne die Aufmerksamkeit auf sich, ließen die Handlung zur Nebensache werden und schmückten die Kompositionen nach eigenem Gusto mit teilweise willkürlichen Verzierungen aus. Rossini beschwerte sich, dass die Sänger „das Publikum mehr in Erstaunen [versetzen], als dass sie es bewegen, und während in der guten alten Zeit die Spieler sich bemühten, ihre Instrumente singen zu lassen, versuchen unsere Sänger jetzt, ihre Stimmen zu behandeln, als ob sie Instrumente wären“.[39] Er verlangte von den Interpreten Disziplin und notierte Koloraturen in den Partituren so, wie er sie gesungen haben wollte.
Das entsprach durchaus der Haltung Mozarts. Wie dieser machte auch Rossini keinen Unterschied zwischen den Gattungen. Das auffälligste Beispiel wie der Italiener die Stilelemente von Opera seria und Opera buffa miteinander vermischt, ist die Übernahme der Ouvertüre vom „dramma serio“ *Aureliano in Palmira* (1813) für das „dramma“ *Elisabetta, Regina d'Inghilterra* (1815) und schließlich für die „commedia“ *Il Barbiere di Siviglia* (1816). Zugleich entdeckt man bei ihm dennoch Figurencharakterisierung in den komischen Opern und den ausgedehnteren Ensembleszenen der dramatischen Werke. Ferner findet in der italienischen Oper der Chor über die „Buffa“ den Weg in die „Seria“ und wird zu einem wichtigen Bestandteil der Handlung, am ausgeprägtesten in *Guillaume Tell* (1829, Wilhelm Tell), mit dem Rossini auch die französische Oper bereicherte.
Darüber hinaus beherrschte Rossini die Orchestertechniken Haydns – was sich allein an den spritzigen Ouvertüren zeigt – und Beethovens, etwa wenn die „Invocazione“, das Gebet des Moses, in *Mosè in Egitto* (1818) die Vom-Dunkel-zum-Licht-Technik der 5. Sinfonie aufgreift oder in Rossinis ernsten Opern die Barriere des „Secco-Rezitativs“ zwischen den einzelnen auskomponierten Teilen zunehmend fällt zugunsten längerer, durch-

komponierter Strukturen, was später den Weg zu den dramatischen Werken Donizettis und Verdis ebnet (bahnbrechend war diesbezüglich das „Terzettone“, das große Terzett in der 1820 uraufgeführten Oper *Maometto Secondo*). Rossini war ein experimentierfreudiger Komponist, dem seine Offenheit für die deutsche Musik den Spitznamen „il tedeschino“ (der kleine Deutsche) einbrachte. Sein Sinn für Realismus führte ihn dazu, das Märchen von Aschenputtel in eine Oper besonderer Art zu verwandeln.

Rossini: La Cenerentola (1817)

Rossini war der Firlefanz der barocken Zauber-Oper fremd. Seine Cinderella/Aschenbrödel-Fassung bedarf keiner guten oder bösen Feen, sondern greift zurück auf die realistische Version des Märchens: Kein Wesen mit Zauberstab verwandelt Lumpen in Abendgarderobc oder Kürbisse in Kutschen, sondern Alindoro, der Lehrmeister des Prinzen, sorgt dafür, dass Angelina (die Cenerentola genannt wird, d. h. „die Aschgraue“) zum Fest des Prinzen gehen kann. Ihre Peiniger sind ihr Stiefvater Don Magnifico, ein heruntergekommener Baron, und seine Brut. Ihm ist in erster Linie daran gelegen, seinen beiden eigenen Töchtern auf dem Ball den (Männer-)Fang ihres Lebens zu ermöglichen.

Sobald die Ouvertüre verklungen ist (die wegen Zeitdruck bei den Vorbereitungen ganz einfach von der „opera buffa“ *La Gazzetta* übernommen wurde), wird der ganz eigene *Cenerontola*-Ton angeschlagen, der sich vom quirlig-verspielten *Barbier von Sevilla* durch einen lyrisch-melancholischen Gestus unterscheidet. Zwar gibt es auch hier Standardnummern wie schnell gesungene Parlando-Arien und die „Tempesta“ (Gewittermusik im 2. Akt), doch ist die Klangsprache verfeinerter und ausdrucksvoller. Während Cenerentolas Stiefschwestern sie mit einem Allegro con brio-Geschnatter herumhetzen und verspotten, tritt die Protagonistin mit einer Gegenmelodie hervor – ihrem innigen Andantino-Lied in d-Moll „Una volta c'era un re“ (Es war einmal ein König). Ihre dunkle Stimmlage hebt sich deutlich von dem spitzen Gekeife der Geschwister ab und charakterisiert sie als die reifere Persönlichkeit. Schubert beeindruckte die Melodie derart, dass er sie zu Beginn seiner Arpeggione-Sonate anklingen ließ.

Bei Rossini ist das Orchester nicht nur Impulsgeber und Motor des Geschehens, man vernimmt aus ihm auch subtile Zwischentöne. Als Don Magnifico im Quintett „Signore, una parola“ (I/1) dem Prinzen und seinen Begleitern vorlügt, seine dritte Tochter

sei tot und Cenerentola, die neben ihm steht, lediglich eine „dumme Magd“, entlarven ihn die Holzbläser mit ihren Pseudo-Klagelauten bei „Altezza ... morì“ (Eure Hohheit ... sie ist tot.), worauf eine beredte Generalpause folgt. Was sich jeder in diesem Augenblick denkt, folgt in dem anschließenden Ensemble (Andante – Allegro vivace): Don Magnifico droht Cenerentola, sie solle seine Lügen bloß nicht auffliegen lassen, die junge Frau bittet um Hilfe, der Prinz ist wütend und seine Begleiter raten zur Besonnenheit. *La Cenerentola* ist reich an theatralisch wirksamen Szenen, was genau Rossinis Geschmack entsprach. Seine Klage bei einem Textbuchautor: „Sie haben mir Verse geliefert, aber keine Situationen!“[40] verweist darauf, welche Anregungen Rossini zur Inspiration benötigte: Aus jeder dieser Situationen, die mit einem Rezitativ eingeleitet werden, entsteht ein musikalisches Fresko, ein in sich geschlossenes Miniatur-Drama (sei es Arie, Duett, Terzett oder Aktfinale), bei dem die menschliche Stimme im Zentrum des dramatischen Geschehens steht. Textwiederholungen und musikalische Parallelen sind nicht nur Teil einer kompositorischen Ökonomie, sondern dienen auch der Symmetrie, Verdeutlichung und Eingängigkeit – die Oper wird zu einer wohlkalkulierten dynamischen Abfolge kontrastierender Emotionen und Effekte. „Voilà, l'électricité musicale!“ wurde Rossinis Musik deshalb in Paris bejubelt.[41] Wesentlich ist hierbei das Erfassen der Gesamtsituation, selbst wenn nicht jedes einzelne Wort verständlich über die Rampe kommt. Ähnlich wie Mozart war Rossini überzeugt, „die Worte dienen mehr der Musik, als die Musik den Worten dient“.[42] Und dementsprechend vertonte er wortgenau, wenn es die Dramaturgie der Szene erforderte, und erhob an anderen Stellen die rhythmisch-melodische Entstellung des Wortes zum Bestandteil seiner musikalischen Komik.
Das Auftrittslied des Dandini, seines Zeichens Kammerdiener des Prinzen, bildet mit seinen galanten Koloraturen den Gegenpol zu dem konfusen Geplapper des Don Magnifico. Auch wenn Dandini, der als Prinz verkleidet erscheint, hier den vornehmen Stil seines Herrn nur parodiert, wird er zum eigentlichen Drahtzieher des Geschehens, das er auch zu einem guten Ende führt. Zum Höhepunkt wird im 2. Akt das Es-Dur-Sextett „Siete voi“, als sich das Verwirrspiel allmählich aufklärt, der Prinz Cenerentola zu seiner Gattin bestimmt und Stiefvater und -geschwister erkennen müssen, dass sie nun nicht mehr das Sagen haben. In dem sich entspinnenden Ensemble „Questo è un nodo avviluppato“

(Das ist ein verwickelter Knoten) veranschaulicht Rossini durch die verschlungene Stimmführung das Schnüren des Knotens. Der monotone Rhythmus, das ständige Aufblitzen zick-zack-artiger Gesangslinien und die zunehmende Verdichtung des instrumentalen und vokalen Satzes illustrieren treffend das Schmerzempfinden bei migräneartigen Leidenssymptomen. Cenerentola beschämt ihre Peiniger am Schluss, auch wenn sie sie noch kurzfristig zappeln lässt: Zwei Mal holt sie mit ihrem furiosen „E sarà mia vendetta..." (Und meine Rache wird sein...) drohend aus, bevor sie mit einem sanften „...il loro perdono" ihren Entschluss verkündet (...ihnen zu verzeihen) – in einer Komödie mit Tiefgang noch ein Hauch von Aufklärung im bürgerlichen Zeitalter.

La Donna del Lago (1819)

Die Bedeutung Rossinis lässt sich nicht an den beliebten, eingängigen Ouvertüren ermessen, denn diese sind bis zu einem gewissen Grad austauschbar. In ihnen zeigt sich zwar der individuelle Tonfall des Italieners, doch wesentlich ist, dass sich mit Rossinis Werken auch die im 19. Jahrhundert weitgehend üblichen Standardformen der italienischen Oper herausbildeten, beispielsweise die komplexe Einleitung mit Chor und/oder mehreren Stimmen (Introduzione) oder die Gestaltung von Arien und Duetten mit den traditionell aufeinander folgenden Bestandteilen wie Rezitativ, Andante-Teil (Cavatina) und temporeicher Cabaletta. Oper war für Rossini eine dramatische Abfolge musikalischer Ereignisse[43] – er war damit Erneuerer und Praktiker zugleich. Letzteres, wenn er etwa seine Vorstellungen dem Sängerpotenzial der jeweiligen Opernhäuser anpasste: Er sträubte sich nicht, in *Otello* (1816) drei Hauptrollen mit Tenören zu besetzen, anstatt sie individuell zu charakterisieren oder noch 1813 in *Aureliano in Palmira* eine Rolle für einen Kastraten zu schreiben. Rossinis musikdramatischer Instrinkt zeigt sich eher dort, wo er Pionierarbeit leistete, Buffa und Seria miteinander verband, zu charakterisieren verstand und dadurch die Grundlagen legte, auf denen Donizetti und Verdi aufbauen konnten.
Rossini war der erste, der einen Stoff von Walter Scott wählte, dem neben Shakespeare beliebtesten Handlungslieferanten der Oper des 19. Jahrhunderts. Aus der 1810 veröffentlichten Versdichtung *The Lady of the Lake* (Die Dame vom See) wurde schon neun Jahre später die Oper *La Donna del Lago* – eine Geschichte

vom Kampf König James V. gegen den schottischen Douglas-Clan und von einer Frau, die zugleich von drei Männern umworben wird. Während Scott primär daran gelegen war, bei der Zeichnung seiner Figuren zu mehr psychologischer Tiefe zu gelangen, ergötzte sich Rossini an dem durch die Ossian-Dichtungen populären Ambiente Schottlands und der reichhaltigen Abfolge musikalisch verwertbarer Situationen. Er nutzte weidlich die Möglichkeit, mit Klangbildern von schottischen Seen, Wäldern und Bergen die „coleur locale", das Lokalkolorit, zu gestalten, unter anderem mit einem effektvollen Jägerchor mit sechs Solohörnern auf der Bühne.[44] Aber er verstand es auch geschickt, gängige Standardnummern dem dramatischen Gehalt entsprechend zu variieren. Anstelle einer Ouvertüre mündet eine nur kurze orchestrale Einleitung in einen Chor von Schäfern und Schäferinnen, der sich mit einem Jägerchor abwechselt. Elena wird nicht mit der üblichen Auftrittsarie einer Operndiva eingeführt, sondern erscheint in einem Boot auf dem See und singt eine schlichte Canzonetta, in der sie an ihren Geliebten Malcolm denkt. Das Werk entstand für Neapel, wo Rossini zwischen 1815 und 1822 auf ein aufgeschlosseneres Publikum bauen konnte. Diesem ließ sich in *Otello* auch ein tragisches Ende zumuten (während er es später für Rom zu einem „lieto fine" umarbeiten musste) und ihm durfte er zudem Ouvertüren ohne unmittelbaren Handlungsbezug ersparen zugunsten von knappen instrumentalen Vorspielen, die die Atmosphäre und Stimmung der zu erwartenden Ereignisse vorbereiten. In Neapel verschwand zudem das Secco-Rezitativ aus der italienischen Oper (bei Rossini erstmals in *Elisabetta*) und hier etablierte sich auch der Chor als Protagonist. Für Rossinis Seria-Stil bietet *La Donna del Lago* exemplarisch die vom Komponisten geforderte Aufeinanderfolge von Affektbildern, die zu musikalisch wirkungsvollen Szenen führen. Dazu gehören nicht nur Elenas zwischen arienhaftem und rezitativischem Gesang pendelnde Begegnung mit dem König (I/4), der sich ihr nicht zu erkennen gibt und als vermeintlicher Jäger um Unterkunft bittet, sondern auch das Liebesduett mit Malcolm (I/7). Die Rolle des Malcom war – aus der Kastratentradition kommend – mit einer Altistin bzw. Mezzosopranistin besetzt. Das Finale des 1. Aktes bietet eine Fülle wechselnder Emotionen und gehört zu den komplexesten in der Oper des 19. Jahrhunderts. Die Clans versammeln sich zum Kampf gegen den König, doch wegen Elena gerät Malcolm in Streit mit dem Heerführer, den sie nach Vor-

stellungen des Vaters ehelichen soll. Doch dann unterbricht die Meldung vom Nahen des Feindes den Zwist und man rüstet sich gemeinsam zum Widerstand.
In *La Donna del Lago* machte sich Rossini für die italienische Oper die Renaissance des Keltischen zunutze, die infolge der Veröffentlichung vermeintlich authentischer alter Barden-Texte bereits halb Europa erfasst hatte, ja, der sagenumwobene Ossian wurde von Madame de Staël sogar zum „Homer des Nordens" erhoben. Selbst wenn sich diese letztlich als gekonnte Fälschung eines noch lebenden Autors entpuppten, schienen diese Legenden über keltische Volksstämme im Urzustand Rousseaus Weltbild zu bestätigen und bestärkten den Glauben an das Gute im Menschen. Die Tugenden, von denen berichtet wurde, waren edle Gesinnung, Mut und Begeisterungsfähigkeit. Rossini bediente sich gekonnt der bereits etablierten Klangchiffren, indem er den Bardenchor „Già un raggio forier d'immenso splendor" gegen Ende des 1. Aktes von der Harfe – die für die Leier steht, dem typischen Barden-Instrument – sowie Bratschen, Pizzikato-Celli und Kontrabass begleiten lässt. In den folgenden Jahrzehnten wurde dieser Bardenhymnus eine der populärsten Melodien im Risorgimento, dem italienischen Kampf gegen Fremdherrschaft. Die aufstachelnden Gesänge verweisen nicht nur auf die Druidenchöre in Bellinis *Norma*, sondern mit den drei getrennten Chorgruppen in diesem Aktfinale nimmt Rossini bereits die noch komplexere Rütli-Szene seines *Guillaume Tell* vorweg und inspirierte mit den elektrisierenden Kampfgesängen der Aufständischen nicht zuletzt Verdis frühe Opern. Der Schluss von *La Donna del Lago* mit einem auf die Liebe verzichtenden, seinen Feinden verzeihenden König, birgt durchaus die Hoffnung auf eine friedvolle „Revolution", wie sie England Ende des 17. Jahrhunderts erlebt hatte. Eine Hoffnung, die letztlich enttäuscht wurde. Doch noch war Italien weit davon entfernt, aus der Dominanz fremder Herrscherhäuser entlassen zu werden und auch andere Landstriche wie Böhmen und Mähren mussten noch viele Jahrzehnte bis zur Gründung eines eigenen Staates ausharren.
Um 1820 war das Musiktheater Europas geprägt von der französischen und der italienischen Oper. Doch daneben sollten im „Jahrhundert der Nationalstaaten" noch etliche andere Länder ihre eigene, in der Landessprache gesungene Oper entwickeln. Diesbezügliche künstlerische Bestrebungen konnten sich jedoch erst entfalten, nachdem Napoleon Bonaparte, der Europa länger

als ein Jahrzehnt mit Angriffskriegen überzogen hatte, 1815 endgültig auf seine wahre Größe reduziert worden war. Zwar hatte man auf dem Wiener Kongress 1814/15 die Grenzen Europas neu gezogen, doch die sich anschließende restaurative Phase, in deren Folge es zur Unterdrückung nationaler, liberaler und demokratischer Bestrebungen kam, konnte nicht verhindern, dass sich in weiten Teilen der Bevölkerung die Ideen von bürgerlichen Rechten und nationaler Eigenständigkeit weiter verbreiteten. Im Gegensatz zu „England" existierten indes „Italien" und „Deutschland" vorerst nur als geographischer Begriff und nicht mit einem einheitlichen Staatsgebiet. Italien hatte jedoch vorgeführt, wie das Musiktheater zur Quelle der nationalen Identifikation werden kann – allerdings dominierte sowohl in England als auch in Deutschland vorerst noch die italienische Oper das Kulturleben.

7.2 Oper als nationale Identifikationsquelle – Deutschland und England

Als Carl Maria von Weber (1786-1826) Anfang 1817 seine neue Stelle an der Dresdner Oper antrat, fühlte er sich brüskiert: Den Titel des Königlich Sächsischen Hofkapellmeisters führte weiterhin Francesco Morlacchi, der die italienische Oper leitete und dadurch Webers Vorgesetzter war – der Neuankömmling wurde „lediglich" Musikdirektor der deutschen Oper. „Die Kunstformen aller übrigen Nationen haben sich von jeher bestimmter ausgesprochen als die der deutschen", schrieb Weber in einem Artikel. „Die Italiener und Franzosen haben sich eine Operngestalt geformt, in der sie sich befriedigt hin und her bewegen. Nicht so der Deutsche. Ihm ist es rein eigentümlich, das Vorzügliche aller Übrigen, wissbegierig und nach stetem Weiterschreiten verlangend, an sich zu ziehen. Aber er greift alles tiefer. Wie bei den anderen es meist auf die Sinnenlust einzelner Momente abgesehen ist, will er ein in sich abgeschlossenes Kunstwerk, wo alle Teile sich zum schönen Ganzen runden und einen."[45]
Nach wie vor hatte es die Oper in deutscher Sprache schwer, Akzeptanz zu finden. Alle bisherigen Ansätze waren zumeist Stückwerk und blieben beschränkt auf den Ort, an dem das Werk uraufgeführt worden war. Mozart bildete mit seinen deutschen Opern eine Ausnahme, Beethoven (1770-1827) besserte Jahre lang an *Leonore* (1805/06) bzw. deren Überarbeitung als *Fidelio* (1814) herum, weil sich ihm in deutschsprachigen Ländern kaum

die Gelegenheit bot, als Opernkomponist Erfahrungen zu sammeln. E. T. A. Hoffmann (1776-1822) engagierte sich als Schriftsteller und Komponist für die deutsche Oper. Sein wichtigstes Werk, *Undine* (1816), enthält, wie alle anderen deutschsprachigen Opern jener Zeit, gesprochene Dialoge und Musiknummern. Weber erkannte, „dass eine verständigere und sinngemäßere musikalische Behandlung des Textes notwendig sei, als die bisher übliche (...), wenn das deutsche Lied sein Amt, das Fühlen des Volkes auszutönen, erfüllen sollte.“[46] Ihm sollte es gelingen, ein Werk zu kreieren, das zum Kristallisationspunkt der deutschen Oper wurde, und Ansätze für ihre Weiterentwicklung lieferte.

Weber: Der Freischütz (1821)
Auch wenn die Melodienfülle des italienischen Musiktheaters Weber beeindruckte, erkannte er in ihr nicht das, was er als grundlegend für die Komposition einer Oper erachtete: die Glaubwürdigkeit der musikalischen Rede und der Charakterzeichnung sowie die dramatische Wahrheit. Als er von 1817 bis 1820 am *Freischütz* komponierte, war er überzeugt, „es sind Dinge darin, die in dieser Weise noch nie auf der Bühne waren“.[47] Selbst wenn das Werk noch in der Tradition der Dialog/Musiknummern-Struktur steht, wurde die Uraufführung am 18. Juni 1821 im Königlichen Schauspielhaus Berlin eine Sensation und das Werk auch in anderen Städten mit Begeisterung aufgenommen. „Die verschiedensten Richtungen des politischen Lebens trafen hier in einem gemeinsamen Punkt zusammen“, summierte Richard Wagner später die Bedeutung dieser neuen Oper in der Landessprache. „Von einem Ende Deutschlands zum anderen wurde der *Freischütz* gehört, gesungen und getanzt.“[48]
Dabei erzählt *Der Freischütz* keine angenehme Geschichte, sondern von einer aus den Fugen geratenen Welt. Den in den Opern des katholischen Italien oft besungenen Helden und Göttern wird in Agathes Arie (I/2) der Pantheismus der Romantik entgegengestellt, wenn sie im lyrischen Ruhepol des Werkes ihre „fromme Weise“ an Mond, Nacht und Sternenkreis richtet. Die grellen, spöttischen Doppeltriller der Piccoloflöte im Trinklied des diabolischen Kaspar (I/1) deuten die Ankunft des Teufels auf der Opernbühne an: „Herrscht blind das Schicksal? Lebt kein Gott?“ singt denn auch der ihm ergebene Max in seiner Arie (I/1). „Mich fasst Verzweiflung, foltert Spott!“
Beinahe 23 Jahre Krieg mit etwa 6,5 Millionen toten Soldaten

und Zivilisten in Europa hatten schwerwiegende psychische Folgen hinterlassen. Die im Nachhinein als „Romantik“ etikettierte Epoche idealisierte nichts, sondern verlieh individualisiertem Erleben und Empfinden Ausdruck – und dieses war nicht selten geprägt durch das Gefühl von Bedrohung und Angst. Die Handlung des *Freischütz* ist dementsprechend in einer Nachkriegsepoche angesiedelt: nach dem Ende des Dreißigjährigen Krieges. Indem man Stoffe aus den eigenen Mythen und Lebensbereichen wählte, wandte man sich bewusst gegen die an der Antike orientierte Zeit der Klassik. Auch die Vernunft der Aufklärung, die das Kriegschaos nicht verhindern konnte, wurde in Zweifel gezogen und mehr der eigenen Wahrnehmung vertraut – und die sah über das real Erfahrbare hinaus: Anstatt des Numinosen glaubte man noch eine „andere Welt“ wahrzunehmen, eine Nacht-Welt, die geprägt war von Irrsinn, Teufelspakten, Geisterwesen, Schuld und Tod. „Es ging damals wie jetzt, dass der böse Feind immer Unkraut unter den Weizen säet“, heißt es in einer Dialogpassage. Weber hatte den Nerv der Zeit getroffen.

Wenn schon auf Gott kein Verlass mehr ist, so glaubt der Jäger Max, kann man nur noch im Bunde mit Satan zum Erfolg kommen. Um beim gesetzlich vorgeschriebenen Probeschuss für die Erlangung eines eigenen Forstreviers nicht zu versagen, wendet er sich der dunklen Seite der Macht zu: Vom Teufelsadlatus Kaspar verführt, lässt er sich von diesem im Wald heimlich sogenannte Freikugeln gießen. Von denen treffen sechs unfehlbar ihr Ziel, während die Siebte aber vom Herrscher der Unterwelt nach dessen Willen gelenkt wird. Die „zwei Hauptelemente“ der Oper sind „Jägerleben und das Walten dämonischer Mächte“, äußerte Weber in einer programmatischen Erklärung. „Ich hatte also bei der Komposition der Oper zunächst für jedes dieser beiden Elemente die bezeichnendsten Ton- und Klangfarben zu suchen.“ Für die Instrumentation des Wald- und Jägerlebens eigneten sich besonders die Hörner, für die der Komponist neuartige Klänge durch sein Studium von Volksmelodien fand. „Die wichtigste Stelle für mich waren die Worte des Max: 'mich umgarnen finstere Mächte'“, schrieb Weber, „denn sie deuteten mir an, welcher Hauptcharakter der Oper zu geben sei. An diese 'finstern Mächte' mußte ich die Hörner so oft als möglich durch Klang und Melodie erinnern. Sehr oft bot mir der Text die Gelegenheit dazu, sehr oft aber auch deutete ich da, wo der Dichter es nicht unmittelbar vorgezeichnet hatte, durch Klänge und Figuren an, dass dämonische Mächte ihr Spiel treiben." Als „Hauptklang für dies Unheimliche" wählte der Komponist düstere Klangfarben, „also die tiefsten Regionen der Violinen, Violen und Bässe, dann namentlich die tiefsten Töne der Klarinette, die mir ganz besonders geeignet zu sein scheinen zum Malen des Unheimlichen, ferner die klagenden Töne des Fagotts, die tiefsten Töne der Hörner, dumpfe Wirbel der Pauken oder einzelne dumpfe Paukenschläge. Wenn Sie die Partitur der Oper durchgehen, werden Sie kaum ein Stück finden, in welchem jene düstere Hauptfarbe nicht merkbar wäre."[49]

Dramatisches Zentrum des Werkes ist die Wolfsschluchtszene am Ende des 2. Aktes, in der die Freikugeln gegossen werden. Hier variiert Weber auf besondere Weise Sprache und Operngesang. Der Verkörperung des Teufels, Samiel, hat Weber nur eine Sprechstimme gegeben. Lediglich die Menschen sind zu einer „seelenvollen" Gemütsäußerung, zum Gesang, fähig: In der direkten Konfrontation mit seinem „Meister" berichtet der verängstigte Kaspar singend davon, dass er mit Max ein neues Opfer für die Hölle darbringen wird. Wenn Kaspar gegenüber Max dann selbst die Rolle des „Hexenmeisters" übernimmt, ist es nur Max, dem Gesangspassagen zufallen. Vieles ist als Melodram, dem mit Musik unterlegten gesprochenen Wort, gestaltet. Unsichtbare Chöre von Geistern kündigen das „wilde Heer" an, erregte Streicherfiguren im Orchester illustrieren Windstöße und Sturmgeheul, die Hörner imitieren mit hohen Tönen und Vorschlägen das Gebell bedrohlicher Geisterhunde. Die gewaltigen Orchesterausbrüche auf dem Höhepunkt der Szene, dem Gießen der siebenten Kugel, sind bereits aus der Ouvertüre vertraut, die etliche Motive aus Arien und Szenen anklingen und bereits vorab das Drama in konzentrierter Form Revue passieren lässt. So sehr sich Weber mit dem *Freischütz* von der italienischen Oper abwandte – am Schluss bietet er eine Variante der „deus ex machina"-Lösung: Durch das Eingreifen eines weisen Eremiten bleibt die Braut von Max, nun unter dem Schutz des Himmels stehend, von der Teufelskugel verschont und der rechtlich vorgeschriebene Probeschuss wird abgeschafft. Zuvor jedoch bietet Weber für die inhaltlichen Kühnheiten die angemessenen packenden Klangmittel – eine Musik, die noch ausstrahlte auf Wagners *Fliegenden Holländer* (1843) und die Gestaltung des Jago – nach Kaspars Vorbild – in Verdis *Otello* (von 1887; der Librettist Arrigo Boito hatte den *Freischütz* ins Italienische übersetzt). Berlioz faszinierte

Webers Instrumentationskunst, die er in seinem einflussreichen *Grand Traité d'Instrumentation et d'Orchestration Modernes* (1843) pries und er komponierte respektvoll Rezitative für den *Freischütz*, da dieser an der Grand Opéra in Paris 1841 nur mit durchgehender Musik aufgeführt werden konnte.

Obwohl Weber mit nur 39 Jahren an Tuberkulose starb, übte er mit dem *Freischütz* und seinem nächsten Bühnenwerk einen nachhaltigen Einfluss auf die Entwicklung der deutschen Oper aus. Ihm schwebte „ein in sich abgeschlossenes Kunstwerk" in seiner Muttersprache vor, „wo alle Teile und Beiträge der verwandten und benutzten Künste ineinanderschmelzend verschwinden und, auf gewisse Weise untergehend, eine neue Welt bilden".[50] Mit *Euryanthe* (1823) vollzog Weber den Schritt hin zum durchkomponierten Musikdrama.[51] Düstere Familiengeheimnisse, Untote und eine Wahnsinnsszene bereichern dabei das Geschehen, das sich aufgrund eines wesentlich schwächeren Textbuches nicht so überzeugend entfaltet wie beim *Freischütz*. Doch Webers Harmonik und die musikalische Vernetzung großer zusammenhängender Strukturen machten *Euryanthe* seinerzeit zu einem nicht minder einflussreichen Werk.

Sullivan: The Yeomen of The Guard (1888)

Als Weber zur Aufführung seiner neuen Oper *Oberon* (1826) in London weilte, verstarb er dort im Hause seines Freundes George Thomas Smart. Knapp dreißig Jahre später sollte Smart an der Chapel Royal einen Schüler haben, der zum führenden englischen Komponisten des 19. Jahrhunderts avancierte: Arthur Sullivan (1842-1900). Er empfahl Sullivan zum Studium am Leipziger Konservatorium, wo dieser zwischen 1858 und 1861 selbst feststellen konnte, welche Fortschritte die deutsche Oper durch Louis Spohr (1784-1859), Heinrich Marschner (1795-1861), Albert Lortzing (1801-1851) und den jungen, 1813 geborenen Richard Wagner gemacht hatte. Sullivan kehrte mit der erklärten Absicht nach England zurück, „die englischen Orchester genauso perfekt zu machen wie die auf dem Kontinent, und sogar noch mehr, denn die Kraft und der Ton der unsrigen ist stärker".[52] Durch seine Begegnung mit Rossini, den er im Dezember 1862 in dessen Wahlheimat Paris kennengelernt hatte, interessierte er sich zunehmend für die Oper. „Ich glaube, dass Rossini der erste war, der mich mit einer Liebe zur Bühne und allem, was mit Oper zusammenhängt, begeistert hat", erinnerte sich Sullivan. „Bis zu seinem Tod besuchte ich ihn weiterhin jedes Mal, wenn ich nach Paris kam, und nichts trübte das herzliche Verhältnis unserer Freundschaft."[53] Sullivan plante, in einem Land, in dem man, wie er sagte, sich damit zufrieden gab, „Musik zu kaufen" und von Händel bis Mendelssohn ausländische Komponisten hofierte, ein von englischen Künstlern geprägtes Musikleben zu etablieren und er setzte sich dafür ein, aus seinem Heimatland „wieder die Musiknation zu machen, die wir in den fernen Jahrhunderten unserer Geschichte einmal waren".[54]

So wie Smetana (1824-1884) und Dvorak (1841-1904) für die Tschechen[55] oder Glinka (1804-1857), Mussorgski (1839-1881), Tschaikowski (1840-1893) und Rimski-Korsakow (1844-1908) in Russland[56] entwickelte Arthur Sullivan in England eine eigenständige Oper in der Landessprache. Dabei hatte er wesentlich ungünstigere Ausgangsbedingungen, denn nach wie vor hatte das Musiktheater in England einen schweren Stand, weil die Literatur und das gesprochene Wort auf der Bühne auch gut 150 Jahre nach Purcell mehr geachtet wurden als das gesungene. Für das englische Kulturleben besaß Sullivan nicht nur Vorreiterfunktion hinsichtlich seiner Shakespeare-Vertonungen (Schauspielmusik und Lied), seiner Orchesterwerke und Lieder, sondern auch durch sein Engagement für das Musiktheater in englischer Sprache. Es war völlig neu für das kulturelle Weltbild Großbritanniens – ja, infolge der zunehmenden Spezialisierung seit Mozart eine in ganz Europa in Vergessenheit geratene Tradition –, dass bei einem Musiker Kompositionen für das Theater den gleichen Stellenwert besaßen wie Arbeiten für die Kirche oder den Konzertsaal.

Da Oper in England nicht auf öffentliche Förderung oder etablierte Strukturen zählen konnte, ist es der Zusammenarbeit mit dem Theatermanager Richard D'Oyly Carte zu verdanken, dass Sullivan zwischen 1875 und 1900 ein breites Spektrum an Werken schuf. Mit Cartes Savoy Theatre stand dem englischen Musiktheater erstmals ein eigenes Haus zur Verfügung, in dem Oper in der Landessprache herausgebracht wurde. Mit seinen Werken prägte Sullivan die unterschiedlichen Archetypen des englischen Musiktheaters in einer Epoche, in der andere britische Komponisten – sofern sie sich überhaupt damit befassten – noch Opern auf italienische Libretti schrieben, Themen ohne Bezug zu England wählten oder ihre Bühnenkompositionen an ausländischen Theatern uraufführen ließen. Nach dem Vorbild Rossinis, Webers,

Marschners und Lortzings machte Sullivan seinen Landsleuten das ungewohnte Genre vornehmlich mit komischen Opern schmackhaft. Den Erwartungen des Publikums entsprechend war die Musik in den meisten Stücken durch gesprochene Dialoge verbunden – lediglich *Trial by Jury*, *The Zoo* und *Ivanhoe* sind durchkomponiert –, wobei Sullivan der Musik zunehmend größeren Raum gab. Der Komponist kleidete durch seine differenzierte musikalische Ausgestaltung und Instrumentierung jede einzelne Nummer und Szene in ein charakteristisches Klanggewand (1889 verwendet er in einem Brief sogar die Formulierung „clothed with music by me"). Für sein Opernschaffen strebte Sullivan stets danach, „menschlich reizvolle und glaubwürdige Geschichten" zu vertonen und in seiner Musik „das emotionale Moment nicht nur der Worte, sondern vor allem der Situation zu verstärken"[57]. Dies wird am deutlichsten in seiner umfangreichen „romantischen Oper" *Ivanhoe* (1891) und in *The Yeomen of the Guard* (1888). Mit dem Tower von London hat *The Yeomen of the Guard* – wie auch die meisten seiner anderen Opern – explizit einen englischen Handlungsort. Das einleitende Motiv der Ouvertüre, das im Verlauf des Werkes mehrfach wiederkehrt, fungiert als eindrucksvolle Klangchiffre für den Bau, der Macht und Autorität ausstrahlt. Dabei gelingt es Sullivan, mit einem nur knapp vierzig Personen starken Orchester, eine eindrucksvolle Klangfülle zu erzeugen, die jedoch stets transparent bleibt. Dies blieb charakteristisch für ihn: Obwohl das Royal English Opera House an der Shaftesbury Avenue, für das Sullivan die Oper *Ivanhoe* komponierte, ein etwa doppelt so groß besetztes Orchester hatte, war auch hier seine Schreibweise bezeichnend: Geprägt von der Ästhetik Mozarts und Rossinis strebte Sullivan ein durchsichtiges, lichtes Klangbild an und schuf damit bewusst einen Gegenentwurf zu den oft überladen wirkenden Orchesterwogen Wagners und seiner Nachahmer – eine Tendenz, die sich bei englischen Künstlern wie Benjamin Britten fortsetzen sollte. In *The Yeomen of the Guard* dreht sich die Handlung um Vertrauen und Verrat, Hoffnung und Enttäuschung, Leben und Tod. Der unter falschen Anschuldigungen im Tower inhaftierte Colonel Fairfax soll hingerichtet werden. Bei seinen philosophischen Grübeleien in der „Allegro moderato e maestoso"-Arie „Is life a boon?" (Ist denn das Leben ein Segen?) zeichnet Sullivan in den Holzbläsern und Streichern die Würde der Persönlichkeit und ihre innere Erregung nach. Damit sein Vermögen nicht an die

heuchlerische Verwandtschaft fällt, ehelicht Fairfax die gerade erst in London angekommene fahrende Sängerin Elsie, die mit verbundenen Augen zur eilends vollzogenen Eheschließung geführt wird. Da sie Geld für die Pflege ihrer kranken Mutter benötigt, lässt sie sich auf die fragwürdige Transaktion ein. In ihrem Rezitativ „'Tis done... I am a bride“ (Es ist vollbracht... Jetzt bin ich eine Braut...) und der anschließenden Arie wird sie sich ihrer Tat und Fairfax' bevorstehendem Tod erst bewusst. Mit einer erregten Gesangslinie und unruhigen Streicherfiguren lässt Sullivan an ihrem Wechselbad der Gefühle lebhaft Anteil haben.
Freunde verhelfen Fairfax schließlich zur Flucht und im Finale des 1. Aktes setzt sich die emotionale Achterbahnfahrt mit radikalen Stimmungsumschwüngen fort und das Verwirrspiel kommt erst richtig in Gang. Die „Stunde der Wahrheit“ schlägt für die Protagonisten im 2. Akt bei dem Quartett „When a wooer goes a-wooing“ [Wenn man(n) auf Brautschau geht]. Fairfax wurde als vom Militärdienst heimgekehrter Bruder der jungen Phoebe ausgegeben, da man ihn zwar aus seiner Zelle, nicht aber aus dem Tower herausbekommen konnte. Phoebe hat sich nun in den Mann verliebt, bei dessen Flucht auch sie mitgeholfen hatte. Doch sie muss sich zurückhalten, weil er ja „offiziell“ als der heimgekehrte Bruder gilt. Elsie weiß natürlich nicht, wie ihr Angetrauter aussieht, und ist voller Sorge, weil der Mann, den sie des Geldes wegen geheiratet hat, noch lebt. Ihr Kollege, der Spaßmacher Jack Point, ist in Elsie verliebt. In dem Quartett muss er jedoch miterleben, wie Fairfax Ratschläge erteilt, wie man angemessen um eine Frau wirbt: Das „Musterbeispiel“ ist Elsie, denn Fairfax selbst hat sich nun in die Frau verliebt, die ihn als zum Tode Verurteilten geheiratet hat, nicht in seine eigentliche Retterin Phoebe. Im Laufe des Quartetts dämmert es Phoebe und Jack Point allmählich, dass das „gespielte“ Werben echt ist. In dem „Allegretto grazioso“-Ensemble zeigt die angenehme Melodie an, dass die Fassade nach außen hin aufrecht erhalten werden muss, aber innerlich sind Jack und Phoebe am Ende. Bereits im vorgangegangenen Terzett „A man who would woo a fair maid“ (Ein Mann, der um ein schönes Mädchen wirbt) stand Phoebes Gesang in F-Dur gegen das A-Dur von Elsie und Fairfax. Im nachfolgenden Quartett nun, in dem Phoebe klar wird, dass sie Fairfax nicht für sich gewinnen kann, ist ihre cis-Moll-Melodie eine Umkehrung der melodischen „Vorgabe“ von Elsie, die wie die anderen in Des-Dur singt. Jack Point beklagt – begleitet von

monotonen, resignativen Einwürfen der Holzbläser – im stockenden Lamento nur noch den Verlust und wünscht sich, er sei tot.
An Sullivans ausgefeilter Komposition fallen sowohl ein vereinheitlichendes, alles umspannendes tonales Schema auf – das ansonsten nur noch in *Ivanhoe* so ausgeklügelt angelegt ist[58] – als auch die dramatische Spannungsbildung mithilfe stilistischer Kontraste.[59] Seine künstlerischen Grundsätze als Opernkomponist formulierte Sullivan im Juli 1885 in einem Interview mit dem *San Francisco Chronicle*. „Die Oper der Zukunft ist ein Kompromiss", sagte er, „denn sie kommt nicht aus der französischen Schule mit ihren prunkhaften, kitschigen Melodien, ihren sanften Licht- und Schattenwirkungen, ihren theatralischen Gesten voll Effekthascherei; nicht aus der Wagnerschen Schule mit ihrer Düsterkeit und den ernsten, ohrenzerfetzenden Arien, mit ihrem Mystizismus und ihren unechten Empfindungen; und auch nicht aus der italienischen Schule mit ihren überspannten Arien, Fiorituren und an den Haaren herbeigezogenen Effekten. Sie ist ein Kompromiss zwischen diesen dreien – eine Auswahl aus den Vorzügen der drei anderen."[60] Mit Sullivan wurde die Oper in englischer Sprache etabliert, doch erst Mitte des 20. Jahrhunderts sollte sie mit Benjamin Britten vollends akzeptiert werden.

7.3 Oper als „Big Business"

Galt London im 19. Jahrhundert als das maßgebende wirtschaftliche und politische Zentrum, so war Paris die kulturelle Hauptstadt Europas. Im Zuge der revolutionären Umbrüche in Frankreich hatte sich auch dort ein einflussreiches Bürgertum etabliert. Dadurch konnte sich in Frankreich, der neben Italien anderen großen Opernnation, das Musiktheater zu einem beachtlichen Wirtschaftsfaktor entwickeln. Bereits zeitgenössische Kommentatoren erkannten die Zeichen der Zeit: „Die Julirevolution bedeutet den Triumph der Bourgeoisie. Diese siegreiche Mittelklasse wird eifrig bemüht sein, zu herrschen und sich zu amüsieren. Die Oper wird ihr Versailles werden."[61]
Doch nicht jeder vermochte sich an durchgehend gesungenen Bühnenwerken zu ergötzen. Dadurch konnte sich die „Opéra comique" – im 18. Jahrhundert noch eine „bürgerliche" Alternative zur höfischen „Tragédie lyrique" – durch André-Ernest-Modeste Grétry (1741-1813) und Daniel-François-Esprit Auber (1782-1871) zu einer respektierten Gattung mausern. Die Bezeichnung

verweist keineswegs auf ein komisches Werk (im Französischen eine „Opéra bouffe"), sondern auf eine Oper mit gesprochenen Dialogen, die sehr oft tragisch endet: Cherubinis *Medée* (1797) und Bizets *Carmen* (1875) sind wichtige Werke, die die Eckpunkte der Blütezeit der populären „Opéra comique" markieren.
Ihr gegenüber stand die durchkomponierte „Opéra lyrique", doch zur repräsentativen Gattung entwickelte sich schließlich die „Grand Opéra", das bürgerliche Pendant zur nunmehr veralteten „Tragédie lyrique". Mit Aubers *La Muette de Portici* (1828, Die Stumme von Portici) und Rossinis *Guglielmo Tell* (1829, Wilhelm Tell) entstanden erstmals Opern, die durch ihre Inhalte für größere Kreise gesellschaftliche Relevanz besaßen. In *La Muette de Portici* geht es um den Aufstand der Neapolitaner unter Tommaso Masaniello gegen die Spanier im Jahre 1647. Dessen stumme Schwester Fenella ist vom Sohn des Vizekönigs verführt worden, was zum Auslöser für das Aufbegehren gegen die Besatzer wird. Die Titelfigur, die von einer Schauspielerin oder Tänzerin dargestellt werden kann, steht stellvertretend für jene Tausende, die – ohne die Stimme erheben zu können – Opfer und Zeugen von Gräueltaten und Mord werden. Die gesellschaftspolitische Relevanz der Oper im 19. Jahrhundert belegen die Unruhen in Belgien, die eine Aufführung von *La Muette de Portici* am 25. August 1830 im Théâtre de la Monnaie in Brüssel auslöste. Da in der Stadt ohnehin schon eine aufgeheizte Stimmung gegen die habsburgischen Niederlande schwelte, ließ Masaniellos Aufruf im 3. Akt „Eilt zur Rache! Die Waffen, das Feuer! Auf dass unsere Wachsamkeit unserem Leid ein Ende bereite!" die Stimmung explodieren und das aufgebrachte Publikum drängte nach der Aufführung auf die Straße und stürmte den Justizpalast. Diese Erhebung in Brüssel führte zu einer Revolution, in deren Folge Belgien schließlich seine Unabhängigkeit erklären konnte.
Doch erst der deutschstämmige Giacomo Meyerbeer (1791-1864) entwickelte das Genre der „Grand Opéra" in einer Weise fort, dass brisante Themen in einer musikalisch und szenisch gleichermaßen beeindruckenden Weise einem breiten Publikums nahe gebracht wurden. Mit Meyerbeer erobern Historie und Soziologie der Neuzeit die Opernbühne. Die Zeit war günstig, denn das politische Bewusstsein erwies sich als wacher denn je. Durch die Julirevolution von 1830 in Frankreich wurde der Versuch, die Vorherrschaft des Adels wiederherzustellen, endgültig zunichtegemacht und in der Folge ein starkes, selbstbewusstes Bürgertum

etabliert. Neben diesen gesellschaftlichen Umbrüchen kam es zu Veränderungen des Sehens und Betrachtens: In den 1820er Jahren wurden erste fotografische Verfahren entwickelt, die Beleuchtungstechnik veränderte sich (1822 erhielt die Pariser Oper als erstes Theater auf dem europäischen Festland eine Gasbeleuchtung) und statt flacher zweidimensionaler Bilder faszinierten Dioramen die Besucher – abgedunkelte, raffiniert ausgeleuchtete Schaubühnen mit bemaltem Prospekt, die mit ihren Panoramawirkungen die Bühnenbildtechnik beeinflussten. Die Ansprüche des Unterhaltungsbedürfnisses stiegen und die gut 2000 Zuschauer fassende Grand Opéra in der Pariser Rue Le Peletier (deren Gebäude im Oktober 1873 durch ein Feuer zerstört wurde) entwickelte sich zum „Hollywood" unter den Opernhäusern des 19. Jahrhunderts. Bei der Produktion von *Les Huguenots* entfielen 1836 fast zwei Drittel der Gesamtkosten auf Dekorationsmalerei, Leinwand, Schnürwerk, Schlosserarbeiten und Kostüme. Dennoch oder gerade deswegen hielt es Meyerbeer, der das Theaterleben in Italien kennengelernt hatte (wo er seinen Namen von Jakob zu Giacomo italianisierte), für „weit ehrenvoller (...), für die französische Oper zu arbeiten, als für alle italienischen Bühnen zusammen".[62] Meyerbeer lieferte keine Massenware im Stile der italienischen Opernproduktionen seiner Epoche. Die Entstehung seiner Hauptwerke nahm jeweils eine längere Zeitspanne in Anspruch: Fünf Jahre bei *Les Huguenots* (1836), dreizehn bei *Le Prophète* (1849) und knapp drei Dekaden bei *L'Africaine* (1865 posthum uraufgeführt). Diese Opern bieten ein Kaleidoskop geschichtlicher und sozialer Phänomene von Religionskriegen und Rassenverfolgung über Fundamentalismus bis hin zum Imperialismus.

Meyerbeer: Les Huguenots (1836)

„Eine Oper in fünf Akten lässt sich nicht improvisieren", wusste der durch seine Arbeit in Deutschland und Italien bereits theatererfahrene Meyerbeer. Und er verstand es, die Standardvorgaben der französischen Oper mit neuen Inhalten zu füllen, um den Besuchern brisante Themen nahe zu bringen: „Die Hauptsache ist, dass die neue Fabel ein rührendes Sujet bietet, das gleichermaßen interessant und klar ist und einen grandiosen historischen Hintergrund, musikalische Situationen und ein neuartiges Szenarium bietet." Damit beschrieb er einen bis hin zu Stephen Spielbergs Leinwanddrama *Schindlers Liste* (1993, Filmmusik: John Wil-

liams) gültigen Grundsatz, um vielschichtige, ernste Themen breiten Publikumskreisen nahe zu bringen.
Das Bühnendrama *Les Huguenots* (Die Hugenotten) spielt kurz vor und am Tag der sogenannten Bartholomäusnacht, bei der am 23./24. August 1572 Tausende von Hugenotten, also protestantische Gläubige, auf Befehl der katholischen Katharina von Medici ermordet wurden. Sie hatte sie unter dem Vorwand der Hochzeit des protestantischen Heinrich von Navarra mit der Katholikin Margarete von Valois nach Paris gelockt. Vor diesem historischen Panorama wird mit der sich anbahnenden Liebesbeziehung des protestantischen Edelmanns Raoul von Nangis und der katholischen Grafentochter Valentine eine potenzielle Aussöhnung der verfeindeten Religionen auf einer unteren Ebene erzählt und der grausamen Realität gegenübergestellt.
Meyerbeer besaß ein waches politisches Bewusstsein und war sich als Jude nur allzu sehr der religiös und rassistisch motivierten Spannungen seiner Zeit bewusst. Er war 28 Jahre alt, als es nach einer Phase der Emanzipation der Juden in Deutschland mit den „Hep-Hep"-Ausschreitungen von 1819 – erstmals im Verlaufe des 19. Jahrhunderts – zu antijüdischen Pogromen in Mitteleuropa kam, denen im Zuge der 1848-er Revolution weitere folgten. Parallel wurden zahlreiche (so die damalige Bezeichnung) „antijudaistische" Publikationen veröffentlicht, von denen Wagners Pamphlet *Das Judentum in der Musik* nur die Spitze des Eisbergs bildete (1850 anonym erschienen, 1869 als „Begleitbuch" zur neuen Oper *Die Meistersinger von Nürnberg* mit ihrer „Juden-Karikatur" des künstlerisch unfähigen Beckmesser schließlich unter Wagners Namen erneut publiziert).[63]
Welche Rolle Meyerbeer dem Religionskonflikt beimaß, zeigt sich daran, dass er nicht verallgemeinert, sondern konkretisiert und die Inhumanität als geschichtliches Kontinuum zeigt. Er verwendet den Lutherischen Choral „Ein' feste Burg ist unser Gott" zur eindeutigen Darstellung der Protestanten. Verfälschungen seiner Oper, wie die damalige Umdichtung im katholischen München zu einer weit hergeholten Auseinandersetzung zwischen Anglikanern und Puritanern, lehnte er entschieden ab. „Sollte die Musik der *Hugenotten* irgendein kleines Verdienst haben, so ist es das der Charakteristik", schrieb der Komponist. „Namentlich die Rolle des alten protestantischen Bedienten Marcel, (...) den ich im Stil wie in den Gedanken ganz als Gegensatz des feinen eleganten und leidenschaftlichen Katholiken-Hofes der Catarina von Medici behandelt ha-

be. Marcels Gesänge sind rau, eckig, sogar seine Rezitative im Gegensatz der übrigen nur die gotische Bassbegleitung. Der Choral Luthers sein Panier, sein Schutzruf in Gefahren, geht in Anklängen durch seine ganze Rolle, in jedem Augenblick der Gefahr oder einer wunderbaren Errettung lässt er sich in seiner Rolle vernehmen. Kommt die Rolle aber in ein anderes Stück, stehen sich nicht Religionsparteien gegenüber, ist namentlich Marcel kein fanatischer Protestant, so verschwindet nicht nur die Charakteristik, sondern die Musik zu Marcels Rolle muss plump und schlecht erscheinen."[64]

Auch das Gegenteil, nämlich die Entartung der Religion, zeigt Meyerbeer in den *Hugenotten*: In der „Schwerterweihe" im 4. Akt, bei der hochrangige Kleriker die Mordwaffen segnen, zeichnet er mit musikalischen Mitteln nach, wie sich eine Selbstbestätigung durch den Vollzug sakraler Riten zu einer Orgie des Fremdenhasses bis hin zur Raserei steigert. Einer der spektakulärsten Momente der Opernliteratur beginnt im „Allegro moderato" mit rezitativischen Passagen, doch je mehr sich der Zweck der Zusammenkunft der Katholiken offenbart und in einer „Andantino-Passage" die Parole ausgegeben wird „Pour cette cause sainte, j'obéirai sans crainte" (Für diese heilige Sache, werde ich meinem Gott und meinem König ohne Furcht gehorchen!), desto deutlicher gewinnt das Ensemble melodisch an Kontur. Lediglich Valentines abgehackte, nervöse Einwürfe wirken ängstlich und verloren inmitten des selbstbewussten Gesangs der Männerstimmen. Durch die sinistren Posaunen und die absteigenden Streichermotive erhält der Auftritt der Mönche, die die für das Massakrieren bestimmten Waffen segnen, eine beklemmende Atmosphäre. Der Klang des Orchesters schwillt zunehmend an bis sich das Ensemble unter starkem Blechbläsersatz verdichtet. In einem von Schlaginstrumenten angetriebenen Wirbel mit kurz hervorgestoßenen Phrasen steigert sich der Gesang von Individuen zu einem gnadenlosen, fanatisierten Unisono-Geschmetter: „Dieu le veut! Dieu l'ordonne!" (Gott will es! Gott befiehlt es!)

Jeder Durchschnittskomponist hätte damit den Akt beendet. Nicht so Meyerbeer, Lehrmeister aller Musikdramatiker des 19. Jahrhunderts, der in einem grandiosen „Coup de théâtre" den 4. Akt mit einem fulminanten Duett beschließt. Er will nicht lediglich „Wirkung" erzielen (was ihm später oft vorgeworfen wurde), sondern die menschlichen und psychologischen Konsequenzen von Missständen auf die Individuen verdeutlichen – die Verstörtheit von Valentine und Raoul, ihre Angst, ihre Zuneigung und ihr

Verantwortungsgefühl. Beide haben das grausige Ereignis beobachtet und beschließen in dem Duett „O ciel! Où courez-vous?" (Himmel! Wo wollen Sie hin? – Wohin? Meinen Brüdern helfen!), nicht davon zu laufen, sondern die Freunde zu warnen.
Meyerbeer verstand sich auf unerwartete Zwischentöne. Er lässt Raouls Arie im 1. Akt, in der dieser von der Begegnung mit einer unbekannten Schönen berichtet, von einer Viola d'amore begleiten (die erst im 20. Jahrhundert wieder von Janáček ganz bewusst für die empfindsame Titelheldin in *Katja Kabanowa* genutzt wird), und verwendet zudem eine reichhaltige Palette an Klangfarben für die Charakterzeichnung und die Gestaltung der „Coleur locale".
Neben einem bewussten Einsatz eigentlich schon „altmodischer" Instrumente, hielt sich Meyerbeer auch stets über Neuentwicklungen auf dem Laufenden. Er stand in engem Kontakt mit dem Instrumentenbauer Adolphe Sax, nutzte in den *Hugenotten* dessen verbesserte Bassklarinette und unterstützte die Entwicklung des Saxophons [doch erst Ambroise Thomas setzte es dann in seiner Oper *Hamlet* (1868) ein, Georges Bizet in der Bühnenmusik zu Daudets *L'Arlésienne* und den Suiten (1872/1879), Jules Massenet in *Hérodiade* (1881) und *Werther* (1892)]. Ungeachtet der feinsinnigen Behandlung des riesigen Orchesterapparats und des utopischen Potenzials seiner Opern, war Meyerbeer ein Realist: Raoul, Valentine und ihre Freunde ahnen letztlich nicht, dass es für sie in Paris von Anfang an kein Entkommen gibt: Im Finale fallen alle der Massenhysterie zum Opfer und werden in dem allgemeinen Blutbad ermordet. In ihrer Todesszene bieten sie keinen lang anhaltenden Abgesang auf das Leben – alles vollzieht sich unter harten Schlägen des Orchesters rasch und schmerzhaft. Nur in der italienischen Oper bleibt Sterbenden noch genug Luft zum groß auftrumpfenden Abgesang.

7.4 Oper als Drama

Während das französische Musiktheater mit der Dialog-Oper (Opéra comique), der durchkomponierten Oper (Opéra lyrique und Grand Opéra) und der komischen Oper (Opéra bouffe) Unterhaltung und eine Auseinandersetzung mit gesellschaftlich relevanten Themen bot, war die italienische Oper in der ersten Hälfte des 19. Jahrhunderts weitgehend geprägt von Melodien-Wonnen und Wohlklang. Erst Giuseppe Verdi (1813-1901) erweiterte das emotionale Spektrum. Allein ein kurzer Blick auf Rossinis *Otello* von 1816 und Verdis Opernfassung, die zwei Generationen später entstand und 1887 uraufgeführt wurde, macht diese Unterschiede evident. Bei Verdi werden die Gesangsstimmen differenziert nach dramaturgischen Gesichtspunkten verteilt: Otello – dramatischer Tenor, Jago – Bariton, Cassio – lyrischer Tenor, Roderigo – Charaktertenor. Bei Rossini hingegen sind die männlichen Hauptrollen durchgehend mit Solisten vom „Tenore di grazia"-Typus besetzt – Sängern mit heller Stimmfarbe und gewandter, „anmutiger" Linienführung. Verdi erlaubt sich formale Erweiterungen und treibt das Drama mit nie nachlassenden Spannungsbögen voran. Rossini hingegen gestaltet ein Nebeneinander von großen, wirkungsvollen Einzelszenen, die kaum eine psychologische Vertiefung der Figuren zulassen und es sogar gestatten, am Schluss – dem Publikumsgeschmack an manchen Bühnen entsprechend – ein glückliches Ende der Handlung zu ermöglichen (wobei zu berücksichtigen ist, dass Verdi auf Shakespeares Drama und Rossini auf die 1565 erschienene Erzählung von Giovanni Cinzio zurückgreift). Allein das „Schwurduett", in dem Otello gelobt, die vermeintliche Untreue seiner Gattin zu rächen, macht hörbar, wie im Laufe der Jahrzehnte die Dosis an Brutalität zugenommen hatte: Während Otello und Jago bei Rossini in „L'ira d'avverso fato" (2. Akt, Der Zorn des bösen Fatums) eine virtuose Melodie singen, die mit mehr Stakkati durchaus auch in einer komischen Oper hätte Verwendung finden können, weihen sich Tenor und Bariton bei Verdi am Ende des 2. Aktes über erregt dröhnenden Orchesterwogen dem „Gott der Rache" („Dio vendicator!") – nicht umsonst ist die Rolle von Verdis Otello für einen Sänger die größte Herausforderung der italienischen Opernliteratur.

Der im gleichen Jahr wie der Italiener geborene Wagner bot die Erklärung der Gegenwart im Mythos, Verdi hingegen setzte auf Gegenwartsstücke, Dramen großer Autoren (Voltaire, Hugo, Schiller, Shakespeare) und reale, glaubwürdige Charaktere. Wenn man die Neufassungen bzw. Überarbeitungen nicht mitrechnet, komponierte er 26 Opern. Allein die Hälfte davon entstand in den ersten zehn Jahren seiner Laufbahn bis 1849. In den folgenden 44 Jahren schrieb er bis 1893 weitere 13 Opern. Er hatte dabei stets vor Augen, „qualche cosa di più nuovo" zu schaffen – immer „etwas Neueres". Seine Suche nach unverbrauchten Themen und Ausdrucksmöglichkeiten war erheblich zeitaufwändiger als das

Bedienen der Opernindustrie in seinen „Galeerenjahren", wie er die 1840er Jahre bezeichnete, als er sich eingebunden sah in die unablässig mit Uraufführungen am Laufen gehaltene Maschinerie des Theaterlebens, was von ihm ein bis zwei Opernkompositionen pro Jahr erforderte. In jener Zeit entstanden die Werke, die ihn mit dem Risorgimento in Verbindung brachten, dem italienischen Befreiungskampf von der österreichischen bzw. französischen Fremdherrschaft.[65] Der Chor der Gefangenen in *Nabucco* (1842) ist nur ein Mosaikstein aus einer Vielzahl vergleichbarer Werke. In *Attila* (1846) wurde die Wendung, die der römische Feldherr Ezio dem Eroberer Attila entgegenschleudert zur Parole einer neuen Generation: „Avrai tu l'universo, resti l'Italia a me" (Du magst Dir das Universum nehmen, doch überlasse Italien mir.) Die an Häuserwände geschriebene Huldigung „Viva Verdi" (Es lebe Verdi!) nahm man als Chiffre für die Losung: „Viva *V*ittorio *E*manuele *R*e *d'I*talia" (Es lebe Vittorio Emanuele, der italienische König!).
Doch schon über zehn Jahre bevor dann 1861 die Einigung Italiens vollzogen werden konnte, hatte sich Verdi längst den eigentlichen Themen seines Schaffens zugewandt: Außergewöhnliche Charaktere zu gestalten, die sich in Ausnahmesituationen behaupten und ihre Menschenwürde wahren müssen. So etwa in der Oper *Stiffelio* (1850), in der die Frau eines evangelischen Pfarrers Ehebruch begeht, oder in *La Traviata* (1853) nach Dumas' aktuellem Roman *Die Kameliendame*, in dem eine Kurtisane, eine Edelprostituierte, ein Liebesverhältnis mit einem jungen Mann der feinen Gesellschaft beginnt. Später zeigen *Don Carlos* (1867) und *Aida* (1871) wie Individuen im Räderspiel der Macht aufgerieben werden. Das Musikdrama *Simone Boccanegra* (1857, dann 1881 grundlegend überarbeitet) bietet in der revidierten Fassung Verdis politisches Vermächtnis: Im großen „Pace"-Ensemble mahnt der Doge die verfeindeten Gruppierungen zur Beilegung aller Streitigkeiten und ruft zu einem friedlichen Zusammenleben auf (I/2). Zur Inspiration benötigte Verdi „gewaltige Situationen, Mannigfaltigkeit, Feuer, Pathos".[66] Seine Sicht auf die Welt war geprägt durch die Jugendlektüre von Alessandro Manzonis (1785-1873) Roman *I Promessi Sposi* (1827, Die Verlobten bzw. Die Brautleute), mit dem der Autor seinen Beitrag zur Einigung Italiens leisten wollte: Ein im Geiste Scotts verfasstes komplexes Kaleidoskop der Leidenschaften und Schicksalsschläge; die Geschichte zweier Liebender, die nach scheinbar endlosen Irrungen

und Wirrungen (Volksaufstände, Entführungen, Kämpfe, Pest) schließlich zueinanderfinden. Zu Ehren des von ihm bewunderten Schriftstellers Manzoni schrieb Verdi 1874 sein *Requiem*.
Seine zunehmende ökonomische Unabhängigkeit ermöglichte es Verdi, nicht jedem Auftrag hinterherzurennen, sondern gezielt Stoffe auszuwählen, die ihn fesselten. *Il Trovatore* (Der Troubadour) war 1853 das erste seiner Stücke, das ohne „scrittura", den Kompositionsauftrag, entstand und dessen Uraufführung er an jenes Opernhaus vergeben konnte, das ihm die besten Bedingungen bot. Zuvor war *Rigoletto* (1851) entstanden, die Geschichte eines Hofnarren, der zum Opfer seiner eigenen Rachsucht wird. „Das Wahre zu kopieren kann gut sein; aber das Wahre zu erfinden ist besser", lautete Verdis Motto. „In diesen beiden Worten mag ein Widerspruch liegen, *das Wahre erfinden*, aber frag den Papa."[67] Dieser „Papa" – der „Vater" (aller Dinge) bzw. der „Papst" (in dramaturgischen Fragen) – ist für Verdi niemand anderes als William Shakespeare.
Verdi schrieb insgesamt drei Opern, die unmittelbar auf Werke Shakespeares zurückgehen: *Macbeth* (1847), *Otello* (1887) und *Falstaff* (1893). Dennoch prägte die Shakespeare'sche Dramaturgie viele seiner Werke. Was ihn an dem Engländer begeisterte, war die, so Verdi, „Mannigfaltigkeit" seiner Themen und Charaktere – deshalb und aufgrund seiner Bühnenwirksamkeit zog er „Shakespeare allen Dramatikern einschließlich der Griechen vor".[68] Auch Victor Hugo war ein glühender Shakespeareverehrer – 1864 publizierte er sogar ein Buch über den Engländer. In Hugos Drama *Le Roi s'amuse* (Der König amüsiert sich) erkannte Verdi ein „originelles, machtvolles Drama", aus dem er nach etlichen von der Zensur geforderten Änderungen 1851 die Oper *Rigoletto* gestaltete.[69]

Verdi: Rigoletto (1851)
Wie man es in vielen Stücken Shakespeares erlebt, wird man auch zu Beginn von *Rigoletto* ohne weitschweifige Exposition mitten in die Handlung geworfen: Die Zuschauer belauschen zwei Männer im vertrauten Gespräch, wobei sich erst ganz allmählich herauskristallisiert, dass es sich um einen Höfling und den Herzog von Mantua handelt, einen Lebemann und Frauenhelden, der ein Auge auf eine unbekannte Schönheit geworfen hat, die er in der Kirche beobachten konnte. Im Hintergrund ist Festmusik zu hören – wir befinden uns auf einem Ball. Jedoch

gestaltet Verdi die Szene entgegen der Konvention nicht mit einer umfangreichen Chorintroduktion, sondern so, als ob man mit einer Kamera durch die Säle wandert (die Festmusik klingt dabei wie von Ferne aus einem der Nebenräume) und einzelne Situationen voyeuristisch beobachten kann. Beispielsweise wenn die Höflinge den körperbehinderten, buckeligen Hofnarren Rigoletto damit verspotten, er habe eine heimliche Liebschaft. Erst in der 2. Szene des 1. Aktes erfährt man, dass er sich tatsächlich regelmäßig mit einer weiblichen Person trifft: Es handelt sich um seine Tochter Gilda, die er vor seinem Herrn, dem Herzog, und dessen lüsternen Hofschranzen verborgen halten will. Doch ganz allmählich dämmert dem Betrachter, dass gerade sie die nächste Eroberung sein soll, die der Herzog machen will. Am Schluss der Einleitung wird deutlich, was ihr blüht, sollte es soweit kommen: Der Vater eines anderen jungen Mädchens, an dem sich der Herzog bereits vergangen hat, taucht inmitten der amüsierwütigen Gesellschaft auf und beschimpft den Verantwortlichen wegen seiner Exzesse. Er verflucht den Herzog für seine Tat und Rigoletto für seine hämischen Spötteleien. (Später nimmt er demoralisiert den Fluch gegen den Herzog zurück, sodass Rigoletto allein seinem Unheil ausgeliefert ist). Worauf das Drama zusteuert, wird bereits in dem äußert konzentrierten, keine drei Minuten langen Orchestervorspiel angedeutet: In den Trompeten und Posaunen erscheint das „Fluch-Motiv", das in einem gewaltigen Crescendo zu einer ultimativen Steigerung geführt wird, die die Katastrophe andeutet. Dieses Vorspiel legt den düsteren, unheimlichen Grundton des Werkes fest, den Verdi als „tinta musicale" charakterisierte, die musikalische Farbe, durch die eine für jede Oper spezifische Klangmischung vorgegeben wird. Die Dramaturgie eines „einheitlichen Grundtones" hatte er durch Webers Kompositionen kennen gelernt, dessen wichtigste Partituren er besaß. In Verdis Oper *La Traviata* durchzieht das ganze Werk eine ätherische, morbide Klangatmosphäre mit abfallenden Motiven für die Titelfigur; in *Don Carlos* galt es, die bedrohlichen düsteren Farben der Escorial-Aura einzufangen und in *Simone Boccanegra* die Klangwelt der Stadt Genua, was ihm mit einer nahezu impressionistischen Stimmungsmalerei voll „wogender" Melodiebögen, die die Wellenketten des Mittelmeers suggerieren, gelingt. Jedes seiner Dramen entwickelt Verdi indes aus den Figuren. „Alle Verwicklungen entspringen dem leichtfertigen, zügellosen Charakter des Herzogs", schrieb er, „daher die Befürchtungen Rigolettos, die Leidenschaft Gildas usw. (...) Der Herzog muss durchaus ein Wüstling sein; sonst ist Tribolettos Angst, dass seine Tochter ihr Versteck verlassen könnte, nicht begründet, das Drama unmöglich. Wie kommt der Herzog je dazu, im letzten Akt in ein entlegenes Wirtshaus zu gehen, allein, ohne Einladung, ohne Verabredung?"[70] („Triboulet", nach dem Hofnarren von Louis XII., hieß der Protagonist noch in Hugos Vorlage.) Während in Bellinis Belcanto-Opern die Guten noch genauso singen wie die Bösewichte, charakterisiert Verdi jeden der Protagonisten durch einen unterschiedlichen Gesangsstil. Auch die Erfolgsarie „La donna è mobile" (Frauen sind flatterhaft) ist ein Teil dessen: Der Herzog trällert in einem unbefangenen, belcanto-artigen Melodiestil, der für die Entstehungszeit der Oper, 1850/51, bereits so altmodisch war wie das Herrschaftssystem, das er vertritt. Auf ähnliche Weise wird in dem Gegenwartsstück *La Traviata* der Vater des ungestümen Liebhabers mit einer belcantesken Arie charakterisiert – er singt als Vertreter der „alten Generation" im Stil seiner zwanzig bis dreißig Jahre zurückliegenden Jugend. Mit *Rigoletto* rückt Verdi erstmals einen Außenseiter in den Fokus. Die Rolle ist nicht für einen strahlenden Tenorhelden angelegt, sondern für einen Bariton – der mittleren männlichen Stimmlage, für die Verdi als Erster bedeutende Hauptrollen schrieb (unter anderem *Nabucco*, *Macbeth*, *Simone Boccanegra*, *Falstaff*). Erstmals seit *Macbeth* wagt Verdi wieder bewusst die Abkehr vom Edlen, Schönen, Noblen und gestaltet eine Figur, die expressiv und, wie einst bei *Macbeth* gefordert, gelegentlich auch „unschön" zu singen und deklamieren hat. „Ein Buckliger, der singt? Warum nicht!", notierte er. „Ich finde es gerade wunderschön, diese Persönlichkeit äußerlich missgestaltet und lächerlich darzustellen, und innerlich leidenschaftlich und liebevoll. Gerade um all dieser Eigenheiten willen bin ich auf diesen Stoff verfallen."[71] Als Rigoletto nach dem verhängnisvollen Abend bei Hofe durch die düsteren Gassen heimschleicht, reflektiert er in einem modernen, von düsteren Streicherklängen untermalten Rezitativstil das Erlebte: „Quel vecchio malediva mi" (Der alte Mann hat mich verflucht...) – er ist ein Mensch der Gegenwart: schwankend, ja zerrissen zwischen der Angst (im Dialog mit einem Auftragsmörder), dem vokalen Wohlklang der ersehnten heimischen Idylle (im Duett mit seiner Tochter) und Fanatismus (in den Hassausbrüchen des 2. Aktes). Seine Tochter Gilda, die er von der bedrohlichen Außenwelt fernzuhalten ver-

sucht, trillert Koloraturen wie ein Vogel im Käfig, der eine nur zu leichte Beute des Herzogs wird. Schon bald, nachdem der Verführer ihrer überdrüssig geworden ist, sucht er in einer Spelunke eine Prostituierte auf – die Quartett-Zeile, mit der er sie anspricht, „Bella figlia dell'amore“ (Schöne Tochter der Liebe) meint nichts anderes. Dieses Quartett aus dem 3. Akt ist eigentlich aus zwei Duetten zusammengesetzt: Der Herzog umgarnt mit seinem Kantilenen-Schöngesang eine verführerisch trällernde Dame, die sich mit ihrer dunkel getönten, erotischen Mezzo-Stimme deutlich von Gildas „engelhaften“ Soprantönen abhebt. Von außen beobachten Rigoletto und seine Tochter die Situation: Gilda singt gebundene Sechzehntelnoten gegen den Rhythmus des koketten Sechzehntel-Stakkatos ihrer Rivalin. Allmählich werden ihre Notenwerte länger und erhalten einen klagenden Lamento-Charakter, bevor sie ihren alten Rhythmus wieder aufnimmt, als sie sich in ihr Schicksal ergibt. Rigoletto, der ihr zeigen will, mit welchem Lustmolch sie sich eingelassen hat, singt auf gleichbleibender Tonhöhe im trockenen Parlando-Stil – er ist entschlossen, den Herzog durch den Auftragsmörder, der ihm seine Dienste angeboten hatte, umbringen zu lassen. Doch der Plan zur bösen Tat wendet sich gegen ihn: Statt des vorgesehenen Opfers wird seine Tochter Gilda erstochen.
Dass Verblendung durch unkontrollierte Leidenschaften, seien sie Hass oder Liebe, in die Katastrophe führt, thematisiert Verdi auch in *La Forza del Destino* (1862, Die Macht des Schicksals), seiner letzten Oper, in der er bei „Urna fatale“ im 3. Akt für eine Arie noch die Andante-Stretta-Struktur der italienischen Opernkonvention verwendet. Thematisch bleibt er sich später in seiner vorletzten Oper treu, doch die musikalische Ausgestaltung erfolgt ungleich differenzierter.

Verdi: Otello (1887)

Zwar schimmern in *Otello* (in der italienischen Schreibweise ohne das „h“ von Shakespeares Othello) noch die traditionellen Standard-Nummern der italienischen Oper durch (Tempesta – die Gewittermusik –, Trinklied, Liebesduett, Soli für die Protagonisten), doch werden diese konventionellen Einzelteile nun vollkommen in den dramatischen Ablauf eingegliedert und mit einer durchlaufenden musikalischen Struktur verzahnt. Verdis *Otello* bietet keinerlei Möglichkeit, eine Aufführung mit ständigem Szenenapplaus zu unterbrechen. Es gibt noch nicht einmal mehr eine – und sei sie auch noch so kurze – Orchestereinleitung. Mit der spektakulären Sturmszene schlägt Verdi den Ton für das Drama an: Die wilde Natur wird zum Spiegel der aufgewühlten Emotionen und der gepeinigten Seelen. Der Feldherr Otello liebt seine Frau Desdemona; doch sein Fähnrich Jago will noch alte Rechnungen begleichen, intrigiert gegen ihn und redet ihm ein, dass sie ihn betrügt. Auch wenn in dem Duett von Otello und Jago am Ende des 2. Aktes noch das von Abramo Basevi 1859 in seinem Standardwerk *Studio sulle opere di Verdi* beschriebene Modell mehrteiliger Strukturen vage hervortritt (der „solita forma" der italienischen Oper, d. h. der Strukturierung eines Aktes in mehrere übliche Versatzstücke wie etwa einem Duett bzw. Ensemble, das formal aus einleitendem Tempo d'attacco, Adagio, Tempo di mezzo und Cabaletta besteht), so wird es überlagert von einem nahtlosen musikalischen Fluss, der sich am Text orientiert. Und in diesem Text sticht immer wieder das „parola scenica" hervor – das von Verdi seit Jahrzehnten geforderte, für die dramatische Situation passende Wort, der treffende dramatische Ausdruck. Während das vorangegangene Ensemble in Otellos Erkenntnis „Desdemona rea!" (Desdemona ist schuldig) mündet, steuert das Duett – wie auch die entsprechende Szene bei Shakespeare – auf sein markantes, dreimal ausgerufenes „Sangue!" (Blut) zu. Und selbst wenn die Auseinandersetzungen im Finale des 3. Aktes in ein großes „largo concertato" gipfeln, dem traditionellen dramatischen Kulminationspunkt der alten Belcanto-Oper, so ist dieser Moment – entgegen der Konvention – durchbrochen von zwei parallel ablaufenden Gesprächen Jagos mit Otello und mit Roderigo, die die Handlung inmitten der vordergründig statischen Szene weiter vorantreiben. Die Oper hält sich nicht mehr mit dem Venedig-Akt aus Shakespeares Vorlage auf (inhaltlich wichtige Textbausteine daraus sind teilweise in das Liebesduett integriert), sondern bündelt das Geschehen in vier etwa gleich lange Akte, die musikalisch unter ständiger Hochspannung stehen. Eine Symmetrie wird dadurch gewahrt, dass die Binnenakte 2 und 3 im Fortissimo schließen, während der 1. und letzte Akt leise im Pianissimo enden. Die in Zypern angesiedelte Handlung durchzieht eine „Raum-Dramaturgie", indem sich die Räume mit zunehmender „Scheuklappen-Perspektive" der Titelfigur verengen – von der großen Sturmszene am Strand hin zum Schlafgemach der Desdemona. Die Charaktere sind pointiert gezeichnet und bestehen nicht mehr, wie noch in der Barockoper, aus der Summe ihrer Sologesänge. Für die Titelfigur benötigt Verdi keine umständliche Auftrittsarie: Als Kriegsheld schmettert Otello seine knappgehaltene Siegesverkündigung „Esultate!" (Freut euch alle!) mit der Untermalung von Trompetenfanfaren, ausgehaltenen Horn-Akkorden und Streicherarpeggi. Die emotionale Palette reicht vom innigen Liebesduett, das mit dunklen Vorahnungen durchsetzt ist, bis hin zu martialischen Wutausbrüchen. Auch Desdemonas komplexem Wesen wird musikalisch Ausdruck verliehen: Mal ist sie als einfühlsame Liebende im Duett zu hören, wenn sie sich mit einem leicht militärischen Rhythmus das gefahrvolle Leben ihres Mannes vergegenwärtigt, mal setzt sie sich engagiert und keineswegs unterwürfig gegenüber ihrem Gatten für den verleumdeten, degradierten Hauptmann Cassio ein: Zunächst einfach und natürlich, dann „con espressione", mit Ausdruck, wie es in der Partitur heißt, wobei ihrem zweiten „gli perdona" (begnadige ihn) die Oboe Nachdruck verleiht. Jago nutzt ihren Einsatz für einen guten Freund dazu, Otello einzureden, Desdemona habe ein Verhältnis mit Cassio. Der destruktive Charakter Jagos zeigt sich vom ersten bis zu seinem letzten Satz in der Oper nicht nur in seinen vielfach abfallenden Gesangslinien, sondern vor allem in seinem als „Credo" bezeichneten Solo des 2. Aktes – einem von Shakespeare unabhängigen, nur von Verdi und seinem Librettisten Arrigo Boito entwickelten Moment der Selbstdarstellung, in dem Jago sich als Menschenfeind und Atheist entpuppt. Dadurch wird Verdis Oper so vielschichtig, dass man sie nicht allein auf die Aspekte „Eifersuchtsdrama", „Außenseitertum" (Otello ist ein Farbiger) usw. reduzieren kann. Vielmehr ist der Protagonist hin- und hergerissen zwischen dem Prinzip des Nihilismus und des Menschenverachtens (Jago) und dem des Guten, Arglosen, Mitfühlenden, Verletzlichen (Desdemona).

Zwar wird der Gesangston fast nie verlassen, dennoch finden sich in *Otello* zuweilen scharfe Akzentuierungen, z. B. bei dem kalten, auf fast nur einem Pianissimo-Ton nahezu gesprochenen „La Morte è il Nulla" (Der Tod ist das Nichts) als Resumee von Jagos Glaubensbekenntnis und Otellos bedrohlich herausgeschleuderter Beschimpfung Desdemonas als „vil cortigiana" (üble Hure) im 3. Akt – „cupo e terribile" (düster und fürchterlich) lautet die Anweisung und „voce soffocata" (mit erstickter Stimme), wenn Otello hinzufügt: „che la sposa d'Otello" (jene ist Otellos Gattin). Die geschmeidige sprachmelodische Gestaltung des Rezitativs, die nahtlosen Übergänge und die Fülle an zum Teil nur kurz aufscheinenden Melodien verleihen den letzten beiden Opern Verdis – sechs Jahre später folgte noch *Falstaff* – eine Ausnahmestellung in seinem Schaffen: So wie *Falstaff* (1893) eine Dialogoper ist, kann man *Otello* als eine Oper des „dialogischen Duetts" charakterisieren (denn selbst das „Quartett" im 2. Akt ist eigentlich ein aus zwei separaten Duetten bestehendes Ensemble und noch in die komplexe Schlussszene mit Chor im 3. Akt sind ja zwei Duette eingebettet). Bei Verdis neuer Art von Musikdramatik wird das prägnante szenisch Wort und die Stimmung wichtiger als die Stimme. Verdi hatte sein Ziel erreicht, denn er betonte stets, „dass ich meine Noten, so schön oder hässlich sie sein mögen, nicht einfach hinschreibe, sondern immer bemüht bin, ihnen einen Charakter zu geben."[72]

7.5 Oper als Wille und Vorstellung

Im Gegensatz zu Verdi, dessen Intentionen sich vor allem aus seinen Briefen erschließen, hat Richard Wagner (1813-1883) umfangreiche theoretische Schriften hinterlassen, in denen er seiner Konzeption von Oper Konturen gab. In *Das Kunstwerk der Zukunft* (1849) entwickelte er seine Vorstellung vom „Gesamtkunstwerk", in dem er Musik, Dichtung, Tanz bzw. Pantomime, Architektur und Malerei zusammenführen wollte.[73] In *Oper und Drama* (1850/51) stellte er sein Konzept vor, Drama und Musik zum „Musikdrama" zu verschmelzen. Da ein wirkungsmächtiges Drama nur aus vertonter Dichtung entstehen kann und sich dementsprechend der Dichter und der Musiker genau abstimmen müssen, übernahm er das Verfassen seiner Textbücher selbst, sodass er einen vollkommenen sprachlichen und musikalischen Ausdruck realisieren konnte. Wagner war sich sicher: „Der Erzeuger des Kunstwerkes der Zukunft ist niemand anderes als der Künstler der Gegenwart, der das Leben der Zukunft ahnt, und in ihm enthalten zu sein sich sehnt."[74]

Wagner: Tristan und Isolde (1865)
Auf dem Weg zur Etablierung der deutschen Oper griff Wagner, ohne sich darauf zu beziehen, natürlich auch auf die Vorarbeiten und Anregungen von Komponisten wie Weber (1786-1826), Spohr (1784-1859), Marschner (1795-1861) und Lortzing (1801-1851) zurück, aber auch auf Mendelssohn (1809-1847) und

Meyerbeer (1791-1864), die er in seiner Schrift *Das Judentum in der Musik* (1850 und 1869) diffamierte. Nichtsdestotrotz verarbeitet er im Orchestervorspiel zu *Das Rheingold* (entstanden 1851-54) einen melodischen Gestus aus Mendelssohns Konzertouvertüre *Das Märchen von der Schönen Melusine* (1833) und vieles in Wagners Opern ist sowohl konzeptionell als auch strukturell Meyerbeer und der Grand Opéra verpflichtet. Das Besondere bei Wagner – wie auch bei anderen bedeutenden Künstlern – besteht darin, neue Zusammenhänge zu schaffen, Ansätze weiterzudenken und daraus noch nie Gehörtes entstehen zu lassen. Auch der „Tristan-Akkord“ ist nicht Wagners ureigenste Entwicklung, sondern findet sich schon vorgebildet in der „dramatischen Symphonie mit Soli und Chören“ *Roméo et Juliette* (1839) von Berlioz, wenn die Violinen Romeos Niedergeschlagenheit vor der ersten Begegnung mit Julia illustrieren, sowie dem ersten Satz des Klaviertrios d-Moll (1847) von Robert Schumann. Doch Wagner entwickelt aus diesem harmonischen Grundgedanken jene dramatische Energie, die *Tristan und Isolde* (1865) eigen ist. Den sogenannten Tristan-Akkord hört man im zweiten Takt des von Wagner als „Einleitung“ bezeichneten Orchestervorspiels in den Violoncelli, Oboen, Englischhorn, Klarinetten und Fagotten. „Langsam und schmachtend“ lautet die Tempoanweisung für ein Musikstück, das in stetigem Crescendo sich in einen lustvollen Rausch hineinsteigert. Die harmonische Mehrdeutigkeit machte den Tristan-Akkord wegweisend für die weitere Entwicklung der Opernkomposition, ja, der Musik überhaupt – aus ihm gestaltet Wagner einen ununterbrochenen melodischen Fluss. Dieser entfaltet ein vielseitiges, nuanciertes instrumentales Ausdrucksspektrum und führt zu einem nie nachlassenden musikalischen Sog, der die rauschartigen Zustände versinnbildlicht, mit denen Wagner den großen Mythos der tragischen Liebe Klang werden lassen wollte.

Erzählt wird von einer verhängnisvollen Affäre, die zwischen den lichten und düsteren Facetten der Liebe pendelt: Hass und Leidenschaft. Im Krieg zwischen Cornwall und Irland hat Tristan Isoldes Verlobten getötet. Doch sie bringt es nicht über sich, an dem verletzten Tristan Rache zu nehmen. Dieser begleitet sie nun nach Cornwall zu König Marke als dessen zukünftige Frau. Isolde fordert ihre Zofe auf, einen Trank für sie und Tristan zu bereiten, um „zu sühnen alle Schuld“. Doch beide erhalten nicht den ersehnten Todes-, sondern einen Liebestrank. Tristan hintergeht seinen König und beginnt eine Affäre mit Isolde. Seine Tat wird entdeckt und Tristan schwer verwundet, als er tollkühn den Ritter angreift, der ihn verraten hat. Sterbend wartet er auf seine Geliebte Isolde.

Mit diesem Rückgriff auf die keltische Legende schwamm Wagner bereits mit auf der zweiten Welle der Renaissance-Bewegung, die das Keltische in die Musik europäischer Kulturen integrierte [zum Umfeld gehören auch Gades *Nachklänge an Ossian* (1841) oder Texte wie *Darthulas Grabgesang* und *Das Mädchen von Inistore* (Inistore ist der gälische Name für die schottischen Orkney-Inseln), die unter anderem auch von Schubert und Brahms vertont wurden]. Ein wesentliches Gestaltungselement ist dabei die in den Ossian-Legenden beschworene „Wonne der Wehmut" („joy of grief"), die auch Wagners Bühnenwerk prägt. Von „Oper" mag man kaum noch sprechen, eher von „Musikdrama". Wagner selbst verwendete die wörtliche deutsche Übersetzung des Wortes „Drama": Handlung. Als „Handlung in drei Aufzügen" bezeichnet er das etwa dreieinhalbstündige Stück. Anstelle der Rezitativ-Musiknummern-Struktur der „alten" Oper setzt er die „unendliche Melodie" ein, um den orgiastischen Bewusstseinszuständen seiner Protagonisten gerecht zu werden. Erstmals verwendete Wagner den Begriff in *Das Kunstwerk der Zukunft*, in dem er zu der Erkenntnis gelangt, „dass die einzige Form der Musik die Melodie ist." Wenn ein Musiker das Unaussprechliche sage, sei „die untrügliche Form seines laut erklingenden Schweigens (…) die unendliche Melodie." Und so erscheinen die Begegnung von Isolde und Tristan im 2. Akt, das Delirium des sterbenden Tristan im 3. Akt und Isoldes Schlussgesang als Momente, in denen die von Wagner dafür erdichteten Worte kaum noch einen Sinn zu ergeben scheinen, wenn man sie lediglich liest – sie sind für den Klang der Stimme und der Instrumente konzipiert, wodurch die Oper einen beinahe sinfonischen Charakter erhält.

Angetrieben vom Strom der Musik steuert jeder Akt auf Kulminationspunkte zu: die entscheidende Wende in der Beziehung der Titelfiguren durch den Liebestrank am Ende des 1. Aktes, Tristans selbstmörderischen Angriff auf den Verräter im 2. Akt sowie Tristans Tod und Isoldes „Verklärung" (so Wagner) im 3. Akt. Mehr als die äußerliche Aktion wird die innere Handlung relevant – dass Wagners Opern verglichen mit denen Verdis mitunter doppelt oder drei Mal so lang sind, liegt daran, dass es ihm nicht darum geht, die Handlung zu „komprimieren“ oder „voran zu treiben“, sondern jede Nuance seelischer Regungen nachzuzeichnen. Verdis Opern sind epigrammatisch, Wagners episch.

Wagner: Der Ring des Nibelungen (1869-76)
Abgesehen von seinen Kunstwerken und seinen Schriften, die Wagner als Einheit verstanden wissen wollte, hinterließ er der Welt auch noch das von ihm konzipierte und von Ludwig II. von Bayern protegierte Festspielhaus in Bayreuth, damit ausschließlich seine Opern darin aufgeführt werden können (Verdi hinterließ außer seinen Opern der Welt noch das aus den Tantiemen seiner Werke finanzierte „Casa di risopo“ in Mailand, ein Altenheim für Musiker). Bei den ersten Bayreuther Festspielen fand im August 1876 auch die erste Gesamtaufführung von *Der Ring des Nibelungen* statt – einer Tetralogie, also einem aus vier Opern bestehenden Ganzen. Handlungsgrundlage ist weitgehend die Nibelungensage: kollektives, mythologisches Material, das Wagner in den Opern *Das Rheingold*, *Die Walküre*, *Siegfried* und *Götterdämmerung* in einer „ring-artigen“ Konstruktion miteinander verknüpft: Die Geschichte wird in Kreisen und Spiralen erzählt; neben vorantreibenden Elementen gibt es immer wieder Rückblenden, Reflexion über das Geschehene und Verweise auf Kommendes. Wagner arbeitete 26 Jahre lang an dem Werk und vertonte im Wesentlichen einen Text, den er um 1848 während der Revolutionsjahre selbst verfasst hatte, als ihn die Kritik an Industrialisierung und Kapitalismus umtrieb. Die Akteure sind zahlreich: Götter, Menschen, Riesen und Naturwesen, doch es gibt nur drei wesentliche Requisiten, die bedeutungsvolle Symbolträger sind: Ring, Speer und Schwert.
Im *Ring des Nibelungen* geht es um Machtstreben und den Weg in den Untergang. Der Zwerg Alberich – jener „Nibelung“ aus dem Titel – raubt den Rheintöchtern das Rheingold. Von seinem Volk, den in der Erde Tiefe hausenden Nibelungen, lässt er sich den Ring schmieden. Wer ihn besitzt, verfügt über grenzenlose Macht. Als Alberich dieser Ring vom Göttervater Wotan, der seine Herrschaft bedroht sieht, geraubt wird, verflucht der Zwerg das Machtsymbol: Wer den Ring fortan besitzt, dem drohen Unheil und Tod. Im Verlauf der Opern erweisen sich weder Götter noch Menschen als zukunftsfähig – Siegfried zerschmettert zwar mit seinem Schwert (Symbol der Stärke des Menschen) Wotans altes Machtsymbol, den Speer, fällt aber selbst Intrigen zum Op-

fer. Am Ende der *Götterdämmerung* geht die alte Kultur in einem Weltenbrand unter. Lediglich die Rheintöchter frohlocken, da sie das ihnen gestohlene Gold zurück erhalten.

Die Tetralogie besitzt so viele Facetten, dass sie nicht allein als ästhetisch reizvolles Kunstprodukt aufgefasst werden kann, sondern auch politisch, sozial, historisch oder psychologisch gedeutet wurde. Sie lässt sich interpretieren als revolutionäres Fanal (Wagner hatte einst den Revolutionär Bakunin und seine Parole „Lust der Zerstörung sei schaffende Lust!“ bewundert), als Vision eines neuen diesseitigen Menschengeschlechts (Feuerbach), als politisch-soziale Allegorie (Shaw), als instrumentierte Philosophie der Entsagung (Schopenhauer), als Apotheose der Reichsgründung, als Tragödie der Leidenschaft, als tiefenpsychologisches Beispiel für archetypische Situationen à la C.G. Jung oder auch als Psychodrama.

Obwohl Wagner einen Mythos auf die Bühne bringt, schreibt er keine „mythologische“ Musik, sondern schöpft die Theatermittel seiner Epoche, des 19. Jahrhunderts, aus. Um für das etwa 15-stündige Werk Zusammenhalt zu gewährleisten, verwendet er als verbindende, strukturgebende Elemente sogenannte Leitmotive. Im *Ring des Nibelungen* gibt es, je nach Benennung, etwa 90 bis 110 solcher Leitmotive, die unter anderem für Personen, Gegenstände, Empfindungen, Leidenschaften, Naturzustände oder Ideen stehen können. Hierbei kommt dem Orchester in der Oper eine völlig neue Bedeutung zu: Es wird zum „Führer“ durch den Dschungel von Erzählungen, Berichten, Verweisen und Darstellungen der Vorgeschichte. Beispielsweise klingt das „Walhall-Motiv“ nur kurz an, wenn in *Die Walküre* Siegmund seinen Vater erwähnt – das Orchester verweist mit dem Motiv dann darauf: sein Vater ist Wotan. Dieser thematische Kern kann aber auch zu einer geschlossenen musikalischen Szene ausgebaut werden, die bei Wagner traditionelle Arien und Ensembles ersetzt, wenn in Sieglindes Erzählung (gleichfalls *Walküre*, 1. Akt) das „Walhall-Motiv“ auf 35 Takte ausgeweitet und mit mehreren Motiven zu einer komplexen Szene verknüpft wird. Sieglinde ist, wie man dadurch bald erfährt, Siegmunds Schwester.

Durch die Leitmotivtechnik erschließen sich Sinnzusammenhänge und auch die Psychologie von Figuren. So begleitet Wotan, die eigentliche Hauptfigur des gesamten *Rings*, ein vielfältiges, aus Leitmotiven gefügtes symphonisches Gewebe (etwa im Finale der *Walküre*), während einer einfach strukturierten Persönlichkeit wie Siegfried teilweise fast monothematische Gesangsstücke zufallen (etwa die Schmiedelieder im 1. Akt von *Siegfried*). Im Finale der *Götterdämmerung* kommt der von der Revolutionszeit geprägte Grundgedanke zum Ausdruck, dass nur ein vollständiger Weltenbrand die Welt vom Fluch des Mammons erlösen kann und die einzig rettende Kraft die Liebe sei. In seinem 1882 in Bayreuth uraufgeführten „Bühnenweihfestspiel" (so Wagner) *Parsifal* bietet der Komponist noch einen anderen Ausweg an: Den Weg zur Errettung von den selbst verursachten Übeln des Daseins durch die Spiritualität, durch die Kunst als neue Religion. Parallel zu seinem letzten Bühnenwerk entstand dazu die Schrift *Kunst und Religion*. In Wagners Opern finden sich nicht allein die Gestaltung menschlicher Probleme und Konflikte im mythischen oder historischen Gewand, sondern analog zu seinen Publikationen auch Vorstellungen von der Zerstörung bestehender Strukturen (*Ring*), dem Reinheitsgebot der deutschen Kultur (*Meistersinger* 1868) und der Kunstreligion (*Parsifal* 1882).

7.6. Oper und Realismus

Mit Wagner wird die Oper egozentrisch, magisch und ideologisch. Doch seine apodiktisch postulierten Ideen blieben nicht unwidersprochen, ja sie provozierten geradezu eine Gegenbewegung. Dennoch musste Ossietzky 1933 resigniert feststellen: „Richard Wagner wirkt fort, ein tönendes Gespenst, zu Zwecken beschworen, die mit Kunst nichts mehr zu tun haben, ein Opiat zur Vernebelung der Geister."[75] Wagners Bühnenwerke bieten Gründerzeit-Musik. Durch sie feiert man das Bewusstsein der Erhabenheit nach der Reichsgründung 1871, und mit ihr steht man nach verlorenen Weltkriegen aus Ruinen wieder auf. Bereits in den 1890er Jahren schien es, als ob Wagners Ästhetik alles andere hinweggemalmt hätte. Selbst an der Großen Oper in Paris wurde zunehmend mehr Wagner als Meyerbeer gespielt.[76] Und dennoch gab es Komponisten, die bei der Realisation einer Oper zu anderen dramaturgischen Lösungen gelangten. In Russland Mussorgski mit *Boris Godunow* (1874) oder in England Sullivan mit *Ivanhoe* (1891) beispielsweise. Friedrich Nietzsche propagierte als Gegenpol zu Wagner einen Franzosen.

Bizet: Carmen (1875)

In seinen Schriften *Der Fall Wagner* (1888), *Götzen-Dämmerung* (1889) und *Nietzsche contra Wagner* (1895) distanzierte sich der einst glühende Wagner-Anhänger Nietzsche von dem Komponisten.[77] „Ich vertrage nichts Zweideutiges", kritisierte er, „seitdem Wagner in Deutschland war, kondeszendierte er Schritt für Schritt zu allem, was ich verachte – selbst zum Antisemitismus."[78] Er, so der Philosoph in *Der Fall Wagner*, verderbe den Geschmack und sei ein Verführer großen Stils. Als „ironische Antithese"[79] stellte er Wagners Œuvre die Oper *Carmen* (1875) von George Bizet (1838-1875) gegenüber.

Carmen ist eine tragisch endende „opéra comique" mit gesprochenen Dialogen – ein Skandalstück bei der Uraufführung und dennoch eine der einflussreichsten Opern überhaupt. Sie strahlte nicht nur auf kulturphilosophische Betrachtungen aus (Nietzsche), sondern auch auf andere Komponisten (z. B. Tschaikowski) sowie die Opern des Verismo. In *Carmen* werden Aspekte wie der Konflikt Außenseiter gegen bürgerliche Gesellschaft, Erotik gegen Prüderie sowie Freiheit gegen die Fesseln der Konvention thematisiert. Die Zuneigung zu der Zigeunerin Carmen entfremdet den Soldaten Don José von seinem konventionellen Leben und treibt ihn in den Untergang – am Schluss ermordet er Carmen aus Eifersucht. Da die Musik vorrangiger Träger der Emotionen ist, nehmen konsequenterweise die Dialoge auch von Akt zu Akt ab.

Bereits das prägnante Orchestervorspiel umreißt die Konfliktpotenziale. Es präsentiert kein sonniges Spanien, sondern entspringt der Klangsphäre der Machismo-Welt im 4. Akt (Spanier können sich in Bizets Werk indes kaum wiederfinden, eher in Merimées Novelle). Die martialische Melodie des bekannten Torero-Liedes aus dem 2. Akt verweist auf den Stierkampf, das Symbol für Männlichkeit und Potenz; der dazugehörige Text, den man mitdenken kann, auf ein Alpha-Tier-Gebaren und die weibliche Verfügbarkeit für die männliche Sexualität. Dem entgegen steht das zumeist als „Schicksals-Motiv" bezeichnete Streichertremolo mit Cello, Trompete, Fagott, Klarinette – doch es ist vielmehr ein Klagelaut mit einer übermäßigen Sekunde, wobei zu bedenken ist, dass die Sekunde ein sehr ausdrucksvolles Intervall ist, das in der klassischen Vokalmusik nicht selten mit Bedrohung, Leid, Schmerz und Tod verbunden wurde. Und so mögen bedeutungsreiche Begriffe wie „Schicksal" zum Wagnerschen

Götter-Kosmos passen, nicht aber zu der realistischen Welt in *Carmen*. Vielmehr ist es ein „Angst-Motiv“, das mindestens einmal in jedem Akt erklingt: Es symbolisiert Don Joses Furcht vor der weiblichen Sexualität (1. Akt), klingt wieder an bei Don Josés Arie (2. Akt), dann, wenn die Karten Carmen den Tod prophezeien und Don José Drohungen gegen sie ausstößt (3. Akt) und schließlich, nachdem Don José aus Furcht vor dem Verlust der Geliebten zum Gewalttäter geworden ist und als Mörder Carmens in flagranti ertappt wird (4. Akt).

In einer Männergesellschaft ist Carmen „femme revoltée“ und „femme fatale“ zugleich – geschrieben für die mittlere weibliche Stimmlage, Mezzosopran, weil diese viel erotischer klingt als andere. Das „Gegengewicht“ zu Carmen, Don Josés Verlobte Micaëla, wird durch die Sopranstimme als „engelsgleiches“, unschuldiges Wesen portraitiert. [Verführerische Frauenfiguren wie Dalila in Saint-Saëns *Samson et Dalila* (1868) und Phoebe in Sullivans *The Yeomen of the Guard* (1888) sind auch mit Mezzos besetzt; bei Verdi ist die Edelprostituierte Violetta Valery in *La Traviata* ein Sopran, weil Verdi nicht daran gelegen war, ihre erotische Ausstrahlung hervorzuheben, sondern sie als verletzliches, den Umständen unterworfenes menschliches Wesen zeigen wollte.] Carmens Habanera „L'amour est un oiseau rebelle“ (1. Akt, Die Liebe ist ein rebellischer Vogel) mit ihrem monotonen Rhythmus und den lasziven Akzenten in den Portamenti und der herabgleitenden Chromatik lockt zur Exstase und warnt – im Text – zugleich vor ihr, während die bald folgende „Seguidilla“ mit Streicher-Pizzicato als Gitarren-Imitation eine stärkere erotische Ausstrahlung besitzt und die tiefen Register der Flöten Carmens verführerische Sexualität symbolisieren. Micaëlas melodiöses Duett mit Don José (1. Akt) hingegen verheißt, von Harfen umflort, familiäre Idyllen und wird nur einmal von einer rezitativischen Passage unterbrochen, wenn vom „Dämon“ Carmen die Rede ist. Micaëlas B-Dur-Lyrismen reiben sich nur leicht mit dem G-Dur Don Josés. Erst im Finale des 3. Aktes schwingt er nicht mehr auf ihren sanften Tonfall ein – man hört erregte Streichertremoli statt Harfensang und dissonante Orchesterausbrüche nebst schweren Blechbläsern künden vom endgültigen Bruch des Jungen vom Lande mit seiner Vergangenheit. Er ist auf Gedeih und Verderb Carmen ergeben: In Don Josés Gesangslinien und der Instrumentierung gestaltet Bizet mit musikalischen Mitteln den Prozess eines menschlichen

Verfalls. Doch ungeachtet aller Expressivität ist die französische Oper des 19. Jahrhunderts nichts für die Stimmfetischisten der italienischen Oper: Hier ist sowohl in lyrischen als auch in dramatischen Augenblicken noch eine prononcierte Artikulation und textbezogenes Singen gefragt. Man darf nie vergessen: *Carmen* ist eine „opéra comique“ mit gesprochenen Dialogen.
Da George Bizet kurz nach der Uraufführung verstarb, konnte er keinen Einfluss mehr nehmen auf die von fremder Hand hinzugefügten gesungenen Rezitative, die eingefügt wurden, um den Konventionen der Grand Opéra in Paris zu genügen. Denkt man wiederum an Nietzsche, ist die Bearbeitung ein Stilbruch, denn wie er schrieb, ist *Carmen* im Grunde genommen eine Oper „ohne die Lüge des großen Stils“.[80]

Die veristische Oper

Ohne die Lüge des großen Stils und des schönen Scheins wollte auch die veristische Oper auskommen. Die Literatur und das Sprechtheater reagierten immer schneller auf Bewusstseinswandel in der Gesellschaft. Zola, Ibsen und Strindberg hatten längst den Naturalismus begründet, der danach trachtete, das Leben in allen – auch widerwärtigen – Facetten so zu zeigen, wie es ist, und das längst, bevor die Opernkomponisten diese Tendenzen für sich entdeckten. Der Verismo bzw. Verismus ist die musikalische Ausprägung des realistischen Theaters, der jedoch im Gegensatz zur Literatur nie programmatisch ausgerichtet war. Er entstand im Umfeld der Komponisten der sogenannten „Giovane scuola italiana“, der jungen italienischen Schule, zu der Künstler wie Leoncavallo (1857-1919), Puccini (1858-1924), Franchetti (1860-1942), Mascagni (1863-1945), Cilea (1866-1950) und Giordano (1867-1948) gezählt wurden.
In Ruggero Leoncavallos *I Pagliacci* (1892, Der Bajazzo) findet sich in dem vom Darsteller des Tonio gesungenen Prolog eine Einleitung, in der man quasi das „Manifest“ der neuen Ausrichtung der Oper sehen mag:

(...) l'autore (...) a voi di nuovo inviami. Ma non per dirvi come pria: „Le lacrime che noi versiam son false! Degli spasimi e dei nostri martir non allarmatevi!“ No. L'autore ha cercato invece	Der Autor (...) sendet mich zu euch, doch nicht, damit ich euch wie früher sage: „Die Tränen, die wir weinen, sind nicht echt! Die Qualen und Schmerzen

pingervi uno squarcio di vita. Egli ha per massima sol che l'artista è un uom e che per gli uomini scrivere ei deve. - Ed al vero ispiravasi. (...) Dunque, vedrete amar sì come s'amano gli esseri umani; vedrete de l'odio i tristi frutti. Del dolor gli spasimi, urli di rabbia, udrete, e risa ciniche! E voi, piuttosto che le nostre povere gabbane d'istrioni, le nostr'anime considerate, poiché siam uomini di carne e d'ossa (...)	brauchen euch nicht zu schrecken!“ Nein! Nein! Der Autor will Euch vielmehr ein Stück Leben zeigen. Sein Grundsatz heißt: Der Künstler ist ein Mensch und soll für Menschen schreiben. Und aus dem wahren Leben hat er seinen Stoff geholt. (…) Und Ihr – statt unserer armen Narrenkleider betrachtet lieber unsere Seelen, denn auch wir sind Menschen aus Fleisch und Blut (...)

Um glaubwürdig zu bleiben, bedient sich Leoncavallo eines Tricks: des Spiels im Spiel. Eine Komödiantentruppe führt in einem Dorf ein Schauspiel auf, doch da man aus dem „wirklichen Leben“ (der Rahmenhandlung) weiß, mit welcher Hingabe der eifersüchtige Hauptdarsteller die Protagonistin liebt, wird zugleich suggeriert, die in dem Stück aus Sicht der Dorfbewohner scheinbar nur „gespielte“ Wut sei echt. Wir als Opernbesucher erleben nun, wie die „echten“ Gefühle die Oberhand gewinnen und der Schauspieler bei der Aufführung die Untreue und deren Geliebten, der ihr aus dem Publikum zu Hilfe eilen will, tatsächlich ersticht. Das gut 70-minütige Stück ist kaum halb so lang wie die meisten Opern, wodurch auch der Eindruck erweckt wird, hier werde ein reales Ereignis unverfälscht gebündelt und ohne „opernhafte“ Weitschweifigkeit wiedergegeben. Ähnliches gilt für Pietro Mascagnis im sizilianischen Bauernmilieu angesiedelte Oper *Cavalleria rusticana* (1890, Sizilianische Bauernehre), die oftmals an einem Opernabend zusammen mit dem *Bajazzo* aufgeführt wird. Zu Beginn von *Cavalleria rusticana* erklingt, eingebettet in das Orchestervorspiel, ein hinter dem Vorhang im sizilianischen Dialekt gesungenes Ständchen, mit dem gleichfalls der Eindruck von Authentizität erweckt wird.

Kennzeichnend für den Verismus sind aufbrausende Leidenschaften und zügellose Emotionalität, dargeboten mit einer mitreißenden, zuweilen aufpeitschenden Musik und expressivem,

explosivem Gesang. Die Protagonisten entstammen zudem unteren Schichten der Gesellschaft – deswegen ist es falsch, Werke wie Giordanos *Andrea Chenier* (1896) oder Puccinis *Tosca* (1900) als „veristische Opern“ zu bezeichnen. Cileas *L'Arlesiana* (1897) oder Puccinis Einakter *Il Tabarro* (1918, Der Mantel) gehören durchaus zu dieser Richtung sowie außerhalb Italiens Werke wie d'Alberts *Tiefland* (1903), Kienzls *Der Evangelimann* (1895), Charpentiers *Louise* (1900), Ethel Smyths *The Wreckers* (1906, Die Strandräuber) und Janáčeks *Katja Kabanowa* (1921).
Es scheint, als ob Henri Murgers Episoden-Roman *Les scènes de la vie de bohème* (1847–49) Sujets aus dem verarmten Künstlermilieu bietet, die geradezu prädestiniert für eine veristische Oper sind. Betrachtet man jedoch zwei Opern, die sich dieses Themas annehmen – *La Bohème* von Puccini (1896) und Leoncavallo (1897) –, wird deutlich, dass der veristische Blick Ende des 19. Jahrhunderts nicht der einzig mögliche ist.
Während Leoncavallo den im *Bajazzo*-Prolog aufgestellten Maximen, wahres Leben aus Fleisch und Blut in glühenden, gleißenden Farben zu zeigen, treu bleibt, bedient sich Puccinis des Weichzeichners, der orchestralen Pastelltöne (z. B. in der Einleitung zum 3. Akt und dem anschließenden Quartett). Puccini, der in anderen Opern zur Genüge bewiesen hat, welch barbarisch anmutende Musik er zu schreiben vermag, verfolgt bei seiner Gestaltung von *La Bohème* andere Absichten, die sein Werk außerhalb der veristischen Ausrichtung stellen – ihm geht es um Rührung (im positiven Sinne), Anteilnahme (am Schicksal der Ärmsten) und Benevolenz, jene wohlwollende altruistische Gesinnung gegenüber den Mitmenschen, die zu den ethischen Fundamenten einer kultivierten Gesellschaft gehört. Leoncavallos *La Bohème*-Oper hingegen zeigt ungeschönt das Leben verarmter Künstler, sie zeigt schonungslos ein selbstzerstörerisches Milieu, sie zeigt die Konsequenzen dieser Lebensweise für Gesundheit und die seelische Befindlichkeit.
Puccinis *Bohème* pendelt zwischen Ausgelassenheit und Ernst, bei ihm ist Mimi von Anfang an lungenkrank und kein Opfer der Verhältnisse. Bei Leoncavallo wird Mimi durch schlechte Lebensbedingungen krank – es gibt einen Bruch zwischen den ersten beiden und den letzten beiden Akten, als ob die heitere Maske mit einem Mal heruntergerissen wird. Bei Leoncavallo erhält das Paar Marcello/Musetta viel mehr Konturen, während bei Puccini Rodolfo und die kranke Mimi im Mittelpunkt stehen. Beide

sind, der Konvention entsprechend, als Tenor und Sopran besetzt. Leoncavallo macht es umgekehrt: bei ihm sind der Maler Marcello und Musetta Tenor und Sopran, der Schriftsteller Rodolfo und Mimi Bariton und Mezzo. Während bei Puccini der eifersüchtige Rudolfo seinem Freund Marcello mit kultivierten Gesangslinien sein Leid klagt, lässt Leoncavallo den eifersüchtigen Marcello im 3. Akt wie einen Berserker toben und wartet mit einer expressiven Klangsprache auf.
Leoncavallo und seine Mitstreiter eröffneten neue Möglichkeitsräume für die Oper, doch Puccini ist der Komponist, der an der Schwelle zum 20. Jahrhundert die Balance finden sollte zwischen Geschäftssinn und künstlerischem Gestaltungswillen.

8. Das Musiktheater im 20. und 21. Jahrhundert

Die Oper des 20. und 21. Jahrhunderts bietet die Summe aller vorangegangenen Tendenzen. Dramen veristischer Prägung (Janáčeks 1904 uraufgeführte *Jenufa* und Bergs *Wozzeck* von 1925) sind hier ebenso vertreten wie der Mythos (von der Strauss'schen *Salome* 1905 über Birtwistles *Gawain* 1991 bis hin zu Rihms *Dionysos* 2010). Neben von der Literatur inspirierten Stücken (Bernd Alois Zimmermanns *Die Soldaten*, 1965, Reimanns *Lear*, 1978, oder Eötvös *Drei Schwestern*, 1998), historischen Themen (Udo Zimmermanns *Die Weiße Rose*, 1969 bzw. Zweitfassung 1986; Adams' *Nixon in China*, 1987), Opern des Widerstands (Ullmanns *Der Kaiser von Atlantis*, 1944, und Liebermanns *Leonore* 40/45, 1952), politischen Stücken (Nonos *Intolleranza 1960*, 1961, und *Al gran sole carico d'amore*, 1975) oder „dramatischen Komödien" wie Trojahns *Enrico* (1991) gibt es aber auch Werke, bei denen das Spiel auf der Bühne durch eine nicht lineare Erzählweise nahezu irrelevant bzw. zur einer bloßen Bebilderung wird, wie etwa bei Cages *Europeras 1-5* (1987-91), Lachenmanns *Das Mädchen mit den Schwefelhölzern* (1997) und Stockhausens siebenteiligem *Licht*-Zyklus (1977-2003). Die moderne Oper bezieht sogar Science Fiction mit ein, wie Tippetts *New Year* (1989) und Glass' *Die Ehen zwischen den Zonen Drei, Vier und Fünf* (1997) belegen. Und auch Gegenwartsstücke, wie Tippetts *The Knot Garden* (Der Irrgarten), bei dessen Uraufführung 1970 in London es erstmals auf der Opernbühne zu einer Kussszene zwischen zwei Männern kam, bereichern das Spektrum der heutigen Oper oder provozieren gerade durch ihren Aktualitätsbezug wie *The Death of Klinghoffer* (1991) des Musik-Minimalisten John Adams (geb. 1947).
Analysiert man Werke wie Gershwins *Porgy and Bess* (1935), stellt man fest, dass beim musikalischen Theater zuweilen sogar die Grenzen zwischen der Oper und dem Musical verschwimmen, das sich ab 1927 mit dem in New York uraufgeführten, nahezu durchkomponierten „Musical Play" *Show Boat* von Jerome Kern etablierte. Ab dem 20. Jahrhundert gibt es auch keinen einheitlichen, grundlegenden Klang mehr, der, wie früher, eine Epoche prägt. Vom Sinfonie- bis zum Kammerorchester, von

der elektronischen bis zur jazzigen Musik, von harmonischen Melodien über die Minimal Music bis hin zur Atonalität ist alles möglich in einer globalisierten Musiktheaterwelt. Wendet man sich einigen markanten Werken des Musiktheaters im 20. Jahrhundert zu, stellt man zudem fest, dass die nationalen Unterschiede zunehmend an Bedeutung verlieren und die individuelle, unverwechselbare Stimme eines Komponisten charakteristisch wird für die modernen Klassiker und die zeitgenössische Musik. „Das Einzige, das zählt", betonte einmal Benjamin Britten, „ist, dass ein Komponist seine Musik so klingen lassen sollte, dass sie zwangsläufig und richtig erscheint; das System ist unwichtig."[81]

8.1 Oper und Gewalt

Giacomo Puccini (1858-1924) ist weitgehend durch eingängige Arien bekannt. Doch mit dem – wie Brecht es nannte – „romantischen Glotzen" bei „Che gelida manina" (*La Bohème*), „Vissi d'arte" (*Tosca*) oder „Nessun dorma" (*Turandot*) erfasst man die Bedeutung des letzten großen italienischen Musikdramatikers keineswegs. Grundlegend für Puccini-Arien ist die „dialogische Struktur" des Sologesangs – Puccinis Opernfiguren monologisieren nicht vor sich hin, weil es gegeben erscheint, an dieser Stelle die traditionelle Auftritts- oder Klagearie zu singen, sondern richten ihre Soli zumeist an ein Gegenüber, das auch imaginär sein kann. Am Ende des 1. Aktes von *La Bohème* erzählen sich zwei junge Menschen bei ihrer ersten Begegnung in Arien von ihrem bislang nicht sonderlich ereignisreichen Leben. Calaf reagiert mit seinem zweiten Solo in *Turandot* auf nächtliche (Chor-)Stimmen des Volkes: „Nessun dorma..." (Keiner schlafe!) und wendet sich direkt an die nicht anwesende Person, die diesen Befehl ausgegeben hatte – Prinzessin Turandot: „Keiner schlafe – auch Du nicht, Prinzessin!" Die Sängerin Floria Tosca weiht bei der Arie „Vissi d'arte" im 2. Akt nicht der Schönheit ihr Leben (so die alte deutsche Gesangsfassung), sondern erkennt: „Ich lebte nur für die Kunst, für die Liebe" und spricht – kurz vor der ihr drohenden Vergewaltigung – zu ihrem Gott („Perchè Signor?", Warum, o Herr, belohnst Du mich nun so?). Die erste Arie ihres Liebhabers, des Malers Mario Cavaradossi, wird ständig von den Kommentaren des Kirchendieners unterbrochen, dem die Ansichten des Freidenkers in einem Gotteshaus nicht geheuer sind. Lediglich dem erbarmungslosen Baron Scarpia ist zu Beginn des 2.

Aktes keine melodiöse Arie gegeben, sondern ein ausdrucksvoller Monolog: Äußerungen wie „Ha più forte sapore la conquista violenta che il mellifluo consenso“ (Mir schmeckt die gewaltsame Eroberung besser als die willige Hingabe!) lassen sich nicht mehr in eine gefällige Arie verpacken. Puccini verabscheute „akademisches Zeug und die gewohnten Liebesphrasen“. „Ich sehe in dieser *Tosca* meine Oper“, schrieb er: „Ausgeglichene Proportionen, kein theatralisch dekoratives Übermaß, nicht das übliche musikalische Übergewicht.“[82]

Puccinis Soli haben dementsprechend keine applausheischenden Arienschlüsse mehr, sondern sind so dicht in die Klangstruktur eingewoben, dass Unterbrechungen durch Geklatsche während einer Aufführung nur stören, weil dadurch das dichte musikalisches Netz, das Puccini in seinen Partituren knüpft, zerrissen wird. Puccini ist kein Komponist für melodienselige Opern*konzerte*, sondern ein Dramatiker. Bei seinen Bühnenstücken wird besonders deutlich, wie das Herauslösen einzelner Bruchstücke den Eindruck verfälscht, den die Opern als Ganzes hinterlassen: Erst ein Blick auf die vollständigen Werke belegt, wie virtuos er große Duette (*La Fanciulla des West*), Chöre (*Turandot*) und Ensembleszenen (*La Bohème*) gestalten konnte.

Die Oper *Tosca* erzählt vom individuellen Widerstand gegen ein diktatorisches Regime. Cavaradossi hilft einem aus dem Kerker entkommenen politischen Gefangenen. Deswegen wird seine Geliebte Tosca, die von diesen Aktivitäten nichts weiß, vom Polizeichef Scarpia einem rigorosen Verhör unterzogen, während sie aus dem Nebenzimmer die Schmerzensschreie Cavaradossis unter der Folter mitanhören muss. Als Scarpia sie zum Geschlechtsverkehr zwingen will, ersticht ihn Tosca. Doch die Hoffnung auf eine gemeinsame Flucht mit Cavaradossi ist trügerisch: Nachdem dieser von einem Exekutionskommando erschossen wurde, begeht Tosca Selbstmord.

Man kann sich die Stätten der *Tosca*-Handlung – die Kirche Sant'Andrea della Valle, den Palazzo Farnese und die Engelsburg – bei einem Spaziergang durch Rom ansehen, ohne dem Gehalt der Oper einen Schritt näher zu kommen. Das Werk vermittelt eine „artifizielle“ Historie: Die Zeit der Handlung ist um 1800 angesiedelt, doch die Entstehungszeit um 1900 bildet den geistig-kulturgeschichtlichen Hintergrund. Im Gegensatz zu einer anderen Oper mit der Thematik des Widerstands – Beethovens *Leonore* bzw. *Fidelio*, entstanden zu Beginn des 19. Jahrhunderts – en-

det *Tosca* 100 Jahre später nicht mehr triumphierend und optimistisch. Bereits 14 Jahre vor Beginn des Ersten Weltkriegs und 22 Jahre, bevor in Italien die Faschisten die Macht übernahmen, hatte Puccini in seinem Werk die Bilanz des 19. Jahrhunderts verinnerlicht: der Glaube ist zu Prunk und Fassade erstarrt (Scarpia zeigt zwar beim „Te Deum" am Ende des 1. Aktes Präsenz, verhöhnt es aber, indem er sich lüsternen Gedanken an Tosca hingibt), Hoffnung erweist sich als trügerisch (Tosca verzagt an ihrem Glauben und wird zur Mörderin) und alles Streben als sinnlos, denn das Leben endet mit einem „Sterben in Verzweiflung" – „io muio disperato" singt Cavaradossi in seiner Arie im 3. Akt kurz vor der drohenden Hinrichtung, eine melodische Phrase, die auch in den Schlussakkorden der Oper wieder anklingt. Ein solches Ende – kurz, hart und realistisch – finden die meisten Protagonisten in Puccinis Opern. Gesungen wird nicht mehr *im*, sondern *vor* dem Sterben – der eigentliche Tod kommt schmerzhaft, grausam und schnell.
Ein durchgehendes Thema bei Puccini ist die Bedrohung und Gefährdung der Liebe, sei es durch Krankheit (*La Bohème*), kulturelle Unterschiede (*Madama Butterfly*), Gefühlskälte (*Turandot*) oder durch den rücksichtslosen Missbrauch von Macht (*Tosca*). Ungemein deutlich gestaltet Puccini die unterschiedlichen Klangsphären durch die Lyrismen der Tosca/Cavaradossi-Welt einerseits und die machtvollen, brutalen Akkorde und Schroffheiten der Scarpia-Welt andererseits. Er geht sogar so weit, reale Klangelemente zum Bestandteil seiner Dramaturgie zu machen: einen Kanonenschuss während des Gesprächs von Cavaradossi und dem flüchtigen Angelotti (1. Akt), Glockenschläge, Salutschüsse sowie gesprochene Gebete beim „Te Deum" am Ende des 1. Aktes, die Schreie des gefolterten Cavaradossi im 2. Akt und die Salve des Hinrichtungskommandos im 3. Akt. Neben dieser schonungslosen Darstellung der Welt auf der Opernbühne nimmt die Musik bereits kinematographische Effekte vorweg. Zur Zeit des Übergangs von der Opern- zur Kinodramaturgie am Beginn des Filmzeitalters schreibt Puccini verhältnismäßig kurze, fokussierte Opern, mit einer ausgewogenen Balance zwischen konfliktgeladener Aktion und Momenten der Ruhe. Filmmusikartig unterlegt er das Verhör Cavaradossis am Anfang des 2. Aktes mit der durch das offene Fenster hereindringenden Musik einer Kantate, leitet den Tagesbeginn im 3. Akt mit einem stimmungsvollen Vorspiel ein, in dem als realistisches Element ein von ferne herübertönen-

des Hirtenlied zu hören ist (für die auf die Musik abgestimmten Glockenschläge unternahm er Recherchen über das Morgenläuten in Rom), und blendet dann wie bei einem Filmschnitt über in das Gefängnis auf der Engelsburg.
Auch wenn Puccini als der letzte bedeutende italienische Opernkomponist mit Ricordi den gleichen Verleger wie Verdi hatte, gibt es neben sonstigen Gemeinsamkeiten auch auffällige Unterschiede zwischen den beiden. Puccini knüpfte an die Tradition an, indem auch für ihn die Melodie als Träger des musikalischen Ausdrucks nach wie vor Vorrang hat. Dennoch treibt er das Aufbrechen der „Nummernstruktur" in der Oper weiter voran. Bei Verdi stehen vornehmlich Männer im Vordergrund, Puccini zeigt – passend zum neuen Zeitalter – durchaus auch starke Frauenfiguren. Wo man bei Verdi Überhöhung findet, bietet Puccini konkrete, zeitnahe Lebenssituationen. Er bezeichnete sich selbst einmal als den „Komponisten der kleinen Dinge" – auch daraus kann man große Opern formen.

8.2 Oper und Mythos

Während Puccini das individuelle Geschick einfacher Leute ins Rampenlicht rückte, brachte Richard Strauss (1864-1949) Probleme der bürgerlichen Gesellschaft auf die Bühne, teils als Gegenwartsstücke im „historischen Gewand" (*Der Rosenkavalier* 1919, *Arabella* 1933, *Die schweigsame Frau* 1935), teils als mythisch-märchenhafte Geschichten (*Salome* 1905, *Elektra* 1909, *Die Frau ohne Schatten* 1919). Hofmannsthal, der bis zu seinem Tod 1929 die Libretti zu sechs Bühnenwerken von Strauss schrieb, sah in Opern nach mythologischen Stoffen „die wahrste aller Formen". Was nicht in Alltagsdialogen aufgefangen werden kann, nimmt in einer Kunstform Gestalt an, die die innere Weite und deren unglaubliche Spannungen zu erfassen vermag. In dem auf animistischen Voraussetzungen beruhenden Mythos lassen sich immer noch Ähnlichkeiten und Analogien mit der bekannten Welt erkennen. Er kann zur Schutzformel und Unheilsprophezeiung zugleich werden. Mythen entziehen sich einer plumpen Realisierung – sie müssen fremdartig, sinister und archaisch bleiben, damit die Assoziationen ihre volle Wirkung entfalten können. Die Opern von Strauss, der zu den facettenreichsten Instrumentatoren der Musikgeschichte gehört, sind in besonderem Maße durch die Orchesterbehandlung geprägt – hierin führen sie das Schaffen

Wagners fort. Die Instrumente sind intensiv am Geschehen beteiligt und verleihen den Seelenregungen der Protagonisten Resonanz (Strauss verwendete auch einmal den Begriff „Orchesteroper"). Das Ausdrucksspektrum von Strauss reicht von der erotisch angehauchten *Salome*-Partitur über die Walzerseligkeit des *Rosenkavalier* bis hin zum kammermusikalisch ausziselierten „Konversationsstück mit Musik" *Capriccio* (1942). Für *Elektra* (1909) verlangte Strauss über 100 Musiker, erstellte dann aber auch noch eine Fassung mit reduzierter Besetzung, die es mittleren Häusern ebenfalls ermöglichen sollte, das Werk aufzuführen. Auch wenn Strauss in seinen späteren Stücken gemäßigtere Töne anschlug, hatte er mit der Partitur zu *Elektra* das Tor zur Gegenwart so weit aufgestoßen, dass dem Ausdrucksspektrum der modernen Oper danach kaum noch Grenzen zu setzen waren.

Elektra spielt in einer Sphäre, die Strauss aus seiner eigenen Epoche vertraut gewesen sein mag: Eine Welt, in der man strenge Regeln und militärische Disziplin schätzt (auch Strauss arbeitete korrekt und kontinuierlich „nach Stundenplan") und in der sich Gefühle bis zum Bersten anstauen – nicht von ungefähr fallen in die Zeit der Jahrhundertwende Siegmund Freuds Veröffentlichungen über Hysterie, Sexualpschologie, Traumdeutung und die Psychopathologie des Alltagslebens. Und so geht es in der griechischen Tragödie Strauss'scher Prägung um die psychologischen Konsequenzen einer von Gewalt geprägten Gesellschaft, die – sei es im großen oder kleinen Maßstab – unablässig Krieg führt. Nicht zuletzt war ja auch das Deutsche Reich, in das Strauss hineinwuchs, erst durch Kriege zustande gekommen, und die Heranwachsenden jener Zeit wurden zumeist mit den von Katharina Rutschky und Alice Miller als „schwarze Pädagogik" bezeichneten Erziehungsmethoden großgezogen – die Kinder von Schlägen und Einschüchterungen führen die „Tradition" fort. Strauss faszinierte „dieses dämonische, ekstatische Griechentum des 6. Jahrhunderts", das er bewusst den „Winckelmannschen Römerkopien und Goethescher Humanität entgegenzustellen" gedachte.[83] Und dementsprechend verlegt er das Drama um die aus den Strindberg'schen und Ibsen'schen Schauspielen bekannten zerstörten Familienbeziehungen in die Sphäre antiker Tragödien: Jedes Mitglied von Agamemnons Sippe wird von Neurosen getrieben und betrachtet seine Mitmenschen nur als Mittel zum Durchsetzen der eigenen Ziele.

Die Oper *Elektra* beruht nicht auf einem eigens geschriebenen

Libretto, sondern verwendet das gekürzte Originaldrama von Hofmannsthal, der in seiner ersten Zusammenarbeit mit dem Komponisten den Text nach dessen Wünschen noch modifizierte und ergänzte. Erzählt wird eine Familientragödie um Schuld und Sühne, Verbrechen und Strafe, wobei die Strafenden zugleich wieder selbst zu Tätern werden. Zur Vorgeschichte der Oper gehören Handlungselemente aus Glucks *Iphigenie*-Opern. Agamemnons Frau Klytemnästra konnte ihrem Mann nie verzeihen, dass er die Tochter Iphigenie geopfert hatte. Nach dessen Rückkehr aus dem Trojanischen Krieg ermordet sie, zusammen mit ihrem Geliebten Aegisth, den Gatten mit einem Beil. Die Kinder von Kytemnästra und Agamemnon – Elektra, Chrysothemis und Orest – bleiben verschont.

Das einaktige Werk beginnt mit einem Aufschrei des Orchesters (hier knüpft Strauss mit modernen Mitteln an die archaisierenden Einleitungen von Glucks *Alceste* und Mozarts *Don Giovanni* an) und springt mit der Frage der Mägde „Wo bleibt Elektra?" unmittelbar in die Handlung. Das viertönige Motiv des Auftakts lässt monumental den Namen „Agamemnon" aufragen – sein Schatten liegt über der sich verhängnisvoll entwickelnden Geschichte: Klytemnästra plagen Gewissenbisse und Elektra wird angetrieben von dem Gedanken, Rache zu üben. Doch sie, die Tochter eines griechischen Heerführers, ist selbst unfähig zur Tat. Sie stachelt ihren Bruder Orest an, den Mord an Klytemnästra und Aegisth zu vollziehen. Elektra ist nicht zuletzt auch eine Königstochter, die um die Herrschaft gebracht wurde und die außer nach Rache auch nach Macht strebt – ein Aspekt, den wenig später Alfred Adler nach seinem Bruch mit Freud in seiner Individualpsychologie weiter vertiefen sollte. In ihren Monologen erscheint Elektra in der Zwiesprache mit dem ermordeten Vater als eine zutiefst verletzte Persönlichkeit, die Vergeltung will. Strauss unterstützt ihre intensive Gesangslinie mit einer weit gefächerten orchestralen Palette von getragenen, schmerzvollen Streicherklängen, die ihre Isolation untermalen, bis hin zu den grellen Dissonanzen ihrer Wut, für die sich Strauss keine „diskrete Begleitung", sondern „ein richtiges Blechfortissimo", ja, ein „germanisches Fortissimo" wünschte.[84] Wenn sie ihrem Bruder Orest wiederbegegnet, offenbart sich in ausdrucksvollen Lyrismen auch der liebevolle Kern ihres Wesens. Bezeichnenderweise ist das Orest-Motiv mit dem Beil-Motiv verwandt – Elektras Bruder soll zum Instrument ihrer Rache werden.

Elektras Gegenspielerin Klytemnästra verleiht eine Musik von brachialer Härte mit polytonalen Passagen und wuchtigen Klangblöcken eine dämonische Bedrohlichkeit. Dadurch, dass der Stimme alle Schattierungen vom Alt bis hin zum dramatischen Sopran abverlangt werden, gewinnt die Figur an Präsenz und nahezu übermenschlicher Größe. Nur Elektra versteht es, den Machtkampf mit ihr aufzunehmen, der Herrscherin zu trotzen und ihr mit Zynismus die Stirn zu bieten. Als Klytemnästra wissen will, was sie vor ihren Albträumen bewahren kann, suggeriert Elektra: Nur der Tod! Nach langen Jahren des Wartens und Lauerns wird schließlich die Untat, die die Untat vergelten soll, vollbracht: Orest tötet die alte Herrscherin (seine Mutter) mit jenem Beil, mit dem sie ihren Gatten (seinen Vater) einst erschlug. Triumphierend beginnt Elektra zu tanzen und steigert sich in eine Extase, in der sie schließlich zusammenbricht und – so die Anweisung im Textbuch – starr liegen bleibt.
Arien im traditionellen Sinn finden sich bei Strauss nicht, vielmehr übernehmen orchestrale Zwischenspiele ihre Funktion. Zeigte einst eine Arie die Reflexion über eine Handlung aus dem vorangegangenen Rezitativ, so zeichnet Strauss in den Orchestereinlagen die seelischen Regungen der Protagonisten nach: Beispielsweise klingt bei der Wiederbegegnung von Elektra mit ihrem Bruder Orest dessen Motiv dreizehn Takte lang nach, wodurch Elektras innere Erregung verdeutlicht wird. Umfangreiche Orchesterstücke gibt es zudem vor und nach der Klytemnästra-Szene sowie nach dem zweiten Gespräch von Elektra mit ihrer Schwester Chrysothemis, die nicht gegen die Geschehnisse aufbegehrt und den kantablen, lyrischen Gegenpol zur Titelfigur bildet. Das Geflecht der Motive und Orchesterstimmen in *Elektra* ist derart komplex, dass Richard Strauss, einer der angesehensten Dirigenten seiner Zeit, zunächst davon Abstand nahm, das Werk selbst zu leiten. Nach seiner eruptiven *Elektra* bediente er sich in den folgenden Opern einer zunehmend gemäßigteren musikalischen Sprache. An die Grenzüberschreitungen, die sich in seinen Frühwerken andeuten, und die thematischen Neuartigkeiten der Veristen sollten andere Künstler auf ihre eigene Weise anknüpfen.

8.3 Oper und Sprache

Für das umfangreiche Spektrum der tschechischen Oper hatte Bedřich Smetana (1824-1884) die Grundlagen geschaffen, die An-

tonín Dvořák (1841-1904) und Zdeněk Fibich (1850-1900) weiter mit Inhalten füllen sollten.[85] Doch erst Leoš Janáček (1854-1928) führte mit seinen Opern die 1918 gegründete Tschechische Republik in die musikalische Moderne. Bereits sein erstes bedeutendes Bühnenwerk *Její pastorkyna* (1904, Ihre Stieftochter), das außerhalb der Tschechischen Republik unter dem Titel *Jenufa* bekannt ist, belegt Janáčeks Anteilnahme am Schicksal von Außenseitern. Um für die Geschichte einer Kindesmörderin eine möglichst hohe Glaubwürdigkeit zu erreichen, entwickelte Janáček seine Theorie der Sprachmelodien, die grundlegend für seine Opern werden sollte. Bereits ab 1879 sammelte er kleine, dem Alltag abgelauschte Worte, Wendungen, Aussagen, Fragen, Rufe, Halbsätze und Sprachfetzen, die für ihn „die mit Lebenskraft und Bewegung begabte (...) lebendige Zelle“ nicht nur der Volksmusik, sondern auch größerer musikalischer Strukturen sind.
Diese „melodischen Fragmente aus dem täglichen Leben“ werden für ihn wesentlich „für die individuelle musikalische Charakterisierung“ seiner Opern. „Durch sie geraten wir zur Wahrheit“, betonte Janáček, „wir erfassen, wie das menschliche Individuum Worte der Liebe äußert; mit welcher Kraft es seinen Hass zum Ausdruck bringt; wir decken die melodische Energiekurve auf.“[86] Und so wird die systematische Beschäftigung mit der „Sprachmelodie“ zum Schlüssel seiner Klangdramaturgie. Er bezeichnete sie als „meine Fensterchen in die Seele“ und war überzeugt: „Gerade für die dramatische Musik hat dies große Bedeutung.“[87] Auch wenn der Schriftsteller Karel Čapek sich ereifert haben soll über den „alten Spinner“, der „demnächst auch noch die Lokalmeldungen aus der Zeitung vertonen“ werde[88], erhielt Janáček von dessen Agentur die Erlaubnis, aus dem Bühnenstück *Věc Makropulos* (Die Sache Makropulos) eine Oper zu gestalten. Janáček faszinierte die Geschichte um eine mehrere Jahrhunderte alte Frau, die sich dank eines von ihrem Vater, Doktor Makropulos, entwickelten Serums die ewige Jugend erhalten kann. Doch, so Janáček, „jene Frau – die 337-jährige Schönheit – besaß kein Herz mehr“, denn erst die Endlichkeit des Lebens lasse dessen Wert erkennen: „Wir sind glücklich, weil wir wissen, dass unser Leben nicht lange währt“, sinnierte Janáček. „Deshalb ist es notwendig, jeden Augenblick zu nutzen, und richtig zu nutzen.“[89] Um dem dialogreichen Schauspiel gerecht zu werden, webt Janáček für *Die Sache Makropulos* eine dichte, konversationsgerechte Faktur aus sprachmelodischen und motivischen

Partikeln. Die Musik ist kleingliedriger als diejenige seiner Kollegen in Italien oder Deutschland, markante Arien oder Duette als „Orientierungspunkte“ fehlen völlig. Dennoch steht die Musik unter ständiger Hochspannung – vom einleitenden Vorspiel, das mit den von Hörnern, Trompeten und Pauken gespielten Fanfaren die Klangaura vom Hofe Kaiser Rudolfs II. heraufbeschwört, dessen Hofarzt Hieronymos Makropulos war, bis hin zu Elenas bewegendem Schlussmonolog. Als Elena im 3. Akt nach dem Namen ihres Vaters gefragt wird, erklingt, begleitet von Trillern, hinter der Bühne das besagte Fanfaren-Motiv und dann nochmals, als sie das Geheimnis des Rezepts zur ewigen Jugend weitergibt – so werden musikalisch Vergangenheit und Gegenwart verknüpft. Abwandlungen des Fanfaren-Motivs durchziehen die ganze Oper, in der der Gesang als etwas vollkommen Natürliches erscheint. Das Orchester untermalt, reflektiert und akzentuiert die Auseinandersetzungen. Ein markantes Beispiel ist im 2. Akt das Gespräch über eine Frau, die zu den früheren Identitäten gehört, die Elena Makropulos im Laufe der Jahrhunderte angenommen hat (alle anderen Namen beginnen auch mit E. M.). Nachdem er alte Briefe gelesen hat, bezeichnet Baron Prus ihr gegenüber diese Frau als eine sexuell ausschweifende „Herumtreiberin“, woraufhin das Orchester Elenas Worte „Ich darf wohl bitten! Wie können Sie es wagen, so von ihr zu sprechen?“ mit scharfen, aggressiven Bläser- und Streicherattacken kommentiert. Schließlich begleitet das Orchester eine allmähliche Annäherung der Figuren mit eleganten Streicherpirouetten, und als Prus schließlich die Wendung „dieses Mädchen“ benutzt, schweigen die Instrumente und lassen Elenas Worte „Meinten Sie nicht vorhin noch 'Hure'?“ mit einer Generalpause im Raum stehen. In allen Opern Janáčeks werden Menschen unter der Maxime „In jedem Geschöpf ein Funke Gottes...“ gezeigt – jenem Motto, das der Komponist auf die erste Seite der Partitur seiner Dostojewski-Oper *Aus einem Totenhaus* (1928) notierte. Die von ihrem langen Leben ausgelaugte und enttäuschte Elena Makropulos beneidet allmählich die gewöhnlichen Sterblichen um ihr kurzes Leben, für das sich noch Wert und Sinn finden lassen. Kurz bevor sie sterbend zusammenbricht, wird die Formel von einer der Anwesenden verbrannt. Die Opern von Janáček waren für seine Zeitgenossen nicht minder verblüffend und neuartig wie die Stücke von Monteverdi, Gluck, Mozart, Verdi oder Wagner für ihre Epoche. Karl Kraus meinte einmal, es sei nicht die Sache des Künstlers, „mit der Gegenwart zu gehen, da es doch Sache der Zukunft ist, mit ihm zu gehen“.[90] Dies schien auch die Maxime einer neuen Ausrichtung in der österreichischen Hauptstadt zu sein, die nach der „Schule“ der Wiener Klassik in bislang unerforschte Klangbereiche vorstieß: die freie Tonalität und die Atonalität.

8.4 Oper und Wirklichkeit

Als Alban Bergs Oper *Wozzeck* Ende 1926 erstmals in Prag vorgestellt wird, ist Janáček begeistert und dann entsetzt, als das Werk nach der dritten Aufführung wegen kulturpolitischer Protestkundgebungen aus dem Spielplan genommen wird. In Deutschland und andernorts stellen sich nach der Berliner Uraufführung auch kleinere Theater der Herausforderung. Die Bühnenwirksamkeit des neuen Werkes triumphiert schließlich über die komplexe, vielfach verstörende Musik. Bergs *Wozzeck* erzählt im Grunde genommen eine Bizets *Carmen* vergleichbare Geschichte: Zutiefst verletzt durch Demütigungen und die Untreue einer Frau, wird ein Mann zum Mörder. Dennoch hatte sich in dem halben Jahrhundert seit Bizets Oper zu viel ereignet, als dass diese Tonsprache noch hätte die seine sein können. *Wozzeck* ist das Ergebnis einer neuen Zeit des Sehens, Denkens und Hörens.
Berg kannte die Gräuel des Ersten Weltkriegs aus persönlicher Erfahrung und war somit vertraut mit den traumatischen Erlebnissen einer ganzen Generation. Musiker, die hautnah die Anmaßung und den Zerfall der alten Strukturen der Kaiserzeit durchgemacht hatten, schrieben keine eingängigen Arien mehr. Sie machten sich die Erkenntnisse einer Künstlergruppe zunutze, die sich etwa 150 Jahre nach der Ersten Wiener Schule (Haydn, Mozart) etablierte. Die Komponisten der sogenannten Neuen bzw. Zweiten Wiener Schule legten kein umfangreiches Œuvre vor, dafür aber ein ungemein einflussreiches. Alban Berg (1885-1935) trat mit *Wozzeck* (nach Büchner) und der unvollendeten *Lulu* (nach Wedekind) als deren profiliertester Opernkomponist in Erscheinung.
So wie John Adams' Oper *The Death of Klinghoffer* (1991) auf die Entführung des Kreuzfahrtschiffes Achille Lauro 1985 zurückgeht oder Grigori Frids *Das Tagebuch der Anne Frank* (1969) reale Geschehnisse auf die Bühne bringt, wählte Alban Berg als Vorlage für *Wozzeck* Büchners Dramenfragment, das auf Grundlage der Prozessakten des Falles von Johann Christian

Woyzeck entstand, der 1821 eine Witwe aus Eifersucht getötet hatte. Auch Berg wählt einen individuellen Zugang: Er verwahrte sich jedoch dagegen, seine Oper *Wozzeck* als „atonal" zu bezeichnen, da es sich hierbei um einen herabsetzenden Negativbegriff im Gegensatz zu der „schönen Kunst" handele. Er sah sich sehr wohl als Teil einer Traditionslinie. Zwar räumte er ein, dass das Werk „keine Belcanto-Oper ist", gab aber zu Bedenken: „Es ist nicht einzusehen, warum vieles, das rein kantabel gedacht ist, nicht auch mit der Kunst des 'schönen Gesangs' zu bewältigen wäre."[91] Und so finden sich in *Wozzeck* genügend liedhafte und ariose Elemente, wohingegen das Rezitativ ersetzt wird durch die „rhythmische Deklamation", die bereits Arnold Schönberg in seinen Melodramen *Pierrot lunaire* (1912) und *Die glückliche Hand* (1924) eingeführt hatte. Dieser Vortragsstil (besonders evident in den *Wozzeck*-Szenen I/2, II/3 und 4 sowie III/1 und 4) verleiht dem Text durch eine melodisch, rhythmisch und dynamisch festgelegte Sprechweise eine große Transparenz und Expressivität.
Die vermeintlich „unkontrolliert" klingende Musik ist nach strengen Formprinzipien strukturiert: Berg strebte eine „Einheitlichkeit in der Gesamtarchitektonik" an und verdichtete die 27 Szenen aus Büchners Dramenfragment zu drei Akten mit jeweils fünf Szenen, also insgesamt 15 Einzelszenen. Zu deren Ausgestaltung verwendete er 15 musikalische Formen, darunter die Suite (I/1), die Rhapsodie (I/2), den Sonatenhauptsatz (II/1), eine Invention mit Fuge (II/2), ein Largo (II/3, ein Scherzo (II/4) und eine Invention über ein Thema (III/1). So gelang es ihm, wie er sagte, eine Geschlossenheit zu erreichen, „ohne die Mittel der Tonalität und ohne die auf ihr basierenden formalen Gestaltungsmöglichkeiten".[92]
Auf diesem Fundament schreibt Berg Theatermusik, die mit ihrer Klangfarbenmelodik das Drama widerspenstig, bohrend, drängend, zartfühlend und impulsiv zum Leben erweckt. Mit musikalischen Mitteln legt er die psychologische Befindlichkeit der Protagonisten frei und verweist auf Parallelen, die den Beteiligten zumeist gar nicht bewusst sind. Wenn der eifersüchtige Wozzeck mit Maries Liebhaber, dem Tambourmajor, ringt und unterliegt (II/5), gestaltet Berg die Szene mit den gleichen klanglichen Gestaltungselementen wie in der vorigen Schlussszene (I/5) das Ringen Maries mit dem Tambourmajor, bevor sie sich ihm hingibt. Als Wozzeck sich für geringen Lohn als Studienobjekt für einen Doktor hergibt (I/4), illustriert Berg dies durch eine Passa-

caglia mit 21 Variationen. Die quälenden Repetitionen machen die peinigende Experimentierwut des Arztes geradezu sinnlich erfahrbar. Nicht zuletzt setzt Berg wirkungsvolle Klangchiffren ein: Am Ende des 2. Aktes stellt jemand nach Wozzecks verlorenen Kampf mit dem Tambourmajor fest: „Er blutet!“, woraufhin Wozzeck entgegnet: „Einer nach dem anderen!“ Das tiefe „H“ erklingt als letzter Ton der Schlusskadenz des 2. Aktes als Kommentar zu diesen vorausweisenden Worten. Jenes „H“ setzt Berg nun formbildend und dramatisch ein, wenn es in den Kontrabässen am Schluss der Fuge in der 1. Szene des 3. Aktes erklingt, in der die verzweifelte Marie betet, und schließlich wieder in der Mordszene (III/2). Hier sogar in den unterschiedlichsten Erscheinungsformen: „Als Orgelpunkt, als liegende Mittel- oder Ober-Stimme, in ein oder mehreren Oktaven vervielfacht und in allen erdenklichen Lagen und Klängen“, erläutert Berg. „Wenn schließlich zu den sich bis zum höchsten Fortissimo steigernden Paukenschlägen auf 'H' der Mord an Marie geschieht, erklingen zu diesem Orgelpunkt in sich überstürzender Aufeinanderfolge alle ihr zugehörigen wichtigen musikalischen Gestalten, die – so wie es im Moment des Todes sich ergeben mag – wie die wichtigsten Gestalten des Lebens blitzartig und verzerrt an ihr vorüberziehen. So das Schlummerlied ihres Kindes aus dem ersten Auftritt (vergleiche Klavierauszug 3. Akt, Seite 196, Takt 104); Anklänge an ihre Schmuck-Szene vom 2. Akt (vgl. Klavierauszug 3. Akt, S. 196, T. 104); der Tambourmajor selbst (der gleiche Takt); das Thema der Klage über ihr Elend (Takt 105), um endlich im Moment ihres letzten Atemzuges in das von mir schon erwähnte Quintenmotiv auszuklingen, in das (Motiv) des vergeblichen Wartens (vgl. Klavierauszug 3. Akt, S. 197, T. 106-107). Die kurze Verwandlungsmusik bringt dieses liegende 'H' noch einmal.“[93] Damit bestätigte Berg, dass, wie er sagte, „durch den Verzicht auf die Dur- und Molltonalität keineswegs harmonische Anarchie einzureißen braucht“.
In der letzten Szene der Oper ist der gemeinsame Sohn zu sehen, der, auf einem Steckenpferd reitend, mit anderen Kindern spielt. Nur zögernd folgt er den anderen, als Maries Leiche entdeckt wird. Der perpetuum-mobile-artige Satz beinhaltet, so Berg, „das Spiel und Gehaben von armen Proletarierkindern“. Obwohl am Ende „wieder deutlich zu dem Schlussakkord kadenziert wurde, hat es fast den Anschein, als ginge es weiter. Es geht ja auch weiter! Tatsächlich würden die Anfangstakte der Oper an diese Endtakte ohne weiteres anschließen, womit der Kreis geschlossen

wäre."[94] Eine wirkungsvolle musikalische Chiffre für die nie endende Spirale menschlicher Gewalt.
Der Komponist Bernd Alois Zimmermann (1918-1970), der in seiner einzigen Oper *Die Soldaten* (1965) formal Bezug auf Berg nimmt, konstatierte, dass dieser „im *Wozzeck* die Konsequenzen aus dem *Tristan* gezogen hat und dass jede Opernproduktion heute die Konsequenzen aus dem *Wozzeck* zu ziehen hat".[95] Diese Entwicklung setzte bald ein. Nicht nur war der Russe Dmitri Schostakowitsch (1906-1975) bei seinem Opernschaffen von Berg beeinflusst worden, sondern auch der mit ihm befreundete englische Komponist Benjamin Britten.

8.5 Oper und Literatur

Als er im März 1934 die Rundfunkübertragung der konzertanten englischen Erstaufführung von *Wozzeck* unter der Leitung von Adrian Boult erlebte, stand Benjamin Britten (1913-1976) erst am Anfang seiner Laufbahn. Elf Jahre später sollte er sich mit *Peter Grimes* (1945) als einer der bedeutendsten Musikdramatiker des 20. Jahrhunderts etablieren. Das Werk über den einsamen, von der Dorfgemeinschaft isolierten Fischer Peter Grimes bedarf eines großen Opernorchesters, Chores und zahlreicher Solisten. Doch Britten erkannte die Zeichen der Zeit und war sich darüber im Klaren, dass weitere Werke in diesem Format die Aufführungsmöglichkeiten einschränken würden, abgesehen von den im 20. Jahrhundert zunehmenden Vorbehalten gegen zeitgenössische Opern. Um neue Opern auch an kleineren und mittleren Bühnen im Repertoire zu verankern, musste er auch Werke für bescheidenere Besetzungen schreiben. Hierbei kam ihm entgegen, dass er von seiner Grundhaltung her eher Kammermusiker war. „Ich schreibe gern für kleinere Besetzungen und bedaure die Einstellung des heutigen Zuhörers, der von einem Orchester nichts anderes als die widerliche Tutti-Wirkung erwartet", sagte er 1946 in einem Interview.[96] Noch im selben Jahr brachte er seine erste Kammeroper für dreizehn Instrumentalisten und sechs Solisten heraus: *The Rape of Lucretia* (1946, Die Vergewaltigung der Lukretia). Bis hin zu seiner letzten Oper *Death in Venice* (1973, Tod in Venedig) schrieb Britten immer wieder Opern für kleinere Ensembles, in denen er dennoch mit zum Teil ungewöhnlichen Instrumenten ganz eigene Klangwelten erschuf. Thematisch schlägt Britten mit *Death in Venice* nach Thomas Manns

Novelle durch die Figur des Aschenbach den Bogen zurück zu *Peter Grimes*, und schildert die Ausgrenzung eines Ästheten, die Einsamkeit des Individuums abseits der Menge, das Sich-Ergeben in das eigene Los bis hin zum Tod. Ein alternder Schriftsteller sucht bei einer Reise nach Italien Ablenkung und Inspiration. Diese glaubt er durch den bildschönen polnischen Knaben Tadzio zu finden, den er aus der Distanz bewundert. Aufgrund der Sprachprobleme wechselt er mit dem Objekt seiner Begierde jedoch kein Wort, bis er schließlich an der in Venedig grassierenden Cholera stirbt.
Die Opernfassung bietet genaue Entsprechungen zur literarischen Vorlage, die sie der eigenen, opernhaften Sphäre anverwandelt: So setzt Britten nur einen Sänger ein, der die verschiedenen Immanationen der „Todesboten" verkörpert, die der alternde Schriftsteller auf seiner Reise trifft (den Stutzer, den Gondoliere, den Barbier usw.). Die Traumsequenzen mit dem apollinischen Idyll und der dionysischen Orgie sind gleichfalls genaue Umsetzungen der entsprechenden Passagen aus der Novelle (wobei Apoll von einem Countertenor gesungen wird, um die exponierte, überirdische Stellung des Gottes hervorzuheben). Wie auch in anderen seiner Opern, fällt in *Death in Venice* Brittens intellektuell durchdachte Strukturierung der Klangebenen auf. Dadurch gelingt es ihm auch, einen spezifischen Ton für Tadzio zu entwickeln: Als Aschenbach bei einem Gespräch in polnischer Sprache seine Stimme hört, heißt es über diese Erfahrung bei Mann, es „erhob Fremdheit des Knaben Rede zur Musik". Seine Rolle wird dementsprechend, unzugänglich für Aschenbachs Worte, durch einen Tänzer verkörpert und seine Musik ist in erster Linie durch Vibraphon und Glockenspiel geprägt, wodurch er in eine ätherische Sphäre der überirdischen Schönheit, aber auch der Unerreichbarkeit entrückt wird. Doch es gibt auch Schattenseiten: „There is a dark side even to perfection", stellt Aschenbach mit Genugtuung fest, als der schöne Tadzio am Strand seinen Hass gegenüber einer russischen Familie offen zeigt. „I like that." (Auch die Vollkommenheit hat ihre dunklen Seiten – das gefällt mir.) Brittens Behandlung der Gesangslinie ist inspiriert vom Liedkomponisten. Aschenbachs Reflexionen werden in den Rezitativen vom trockenen Klang des Klaviers untermalt. Die anderen Instrumente symbolisieren die bedrohlichen Facetten des Lebens; sie begleiten Aschenbach auf den Weg in den Abgrund. Das „Kern-Orchester" ist mit jeweils doppelt besetzten Bläsern, Tuba,

Pauke, Harfe und Streichern nicht umfangreich. Hinzu kommen für die Welt des Fremden, des Ungewohnten, ausgefallene gestimmte und ungestimmte Instrumente, die die Klangeffekte von balinesischen Gamelan-Orchestern erzeugen sollen, die Britten auf seinen Reisen kennengelernt hatte. Dafür verwendet der Komponist Vibraphon, Glockenspiel, Xylophon, Marimba, Röhrenglocken, Becken, Gongs, Trommeln, Pritschen, Holzblocktrommel sowie chinesische Trommel und Glockenbaum.

Auch in seinem letzten Bühnenwerk wartet Britten noch mit Neuerungen auf: Erstmals entfaltet sich eine Handlung ausschließlich als Bewusstseinsstrom des Protagonisten (Aschenbach) und nie zuvor hat Britten eine so reichhaltige Palette an Schlag- und Tasteninstrumenten in einer Oper verwendet. Die sorgfältige Gliederung und die Parallelen in einzelnen Szenen gehen – wie bei den meisten seiner anderen Werke – zurück auf das Vorbild von Bergs *Wozzeck*. Doch mit den strukturellen Ähnlichkeiten enden die Gemeinsamkeiten: Musikalisch und thematisch bewegt sich Britten in ganz anderen Sphären – *Death in Venice* schildert die Leiden eines Künstlers, es ist das Drama eines Ästheten. „Für Ben war diese Oper in gewisser Weise ein Resümee all dessen, was er fühlte, angeregt selbst durch die Erinnerungen an seine eigene idyllische Kindheit“, sagte der Tenor Peter Pears, der in den Uraufführungen vieler Britten-Opern Hauptrollen sang. „Am Schluss fragt Aschenbach, nach was er eigentlich sein ganzes Leben lang gesucht habe. Wissen? Eine verlorene Unschuld? Und muss das Streben nach Schönheit, nach Liebe, nur ins Chaos führen? All diese Fragen stellte sich Ben stets selbst.“[97]

So, wie zuvor die Todesboten durch verbindende Elemente gekennzeichnet sind, kommt es am Schluss musikalisch zu einer Vereinigung des Liebenden (Aschenbach) mit dem Geliebten (Tadzio) durch den Zusammenklang von Streichern und Vibraphon.

Britten schrieb seine Kammeropern zumeist für die von ihm 1947 gegründete English Opera Group. Nach dem Zweiten Weltkrieg war man sich der ökonomischen Probleme von Opernproduktionen bewusst und glaubte, dass der beste Weg für das Musiktheater im 20. Jahrhundert sei, „eine Form der Oper zu schaffen, die einer kleinen Anzahl von Sängern und Instrumentalisten bedarf, aber für Aufführungen in großen und kleinen Häusern bzw. Theatern geeignet ist“.[98] Die Werke fanden bald Eingang in das Repertoire von Opernhäusern. Andere geeignete Stücke hatten es schwerer, weil für die Anerkennung eines Werkes die Stätte der ersten Aufführung durchaus eine Rolle spielt.

8.6 Oper und Grenzgänger

Nur weil *Sweeney Todd* 1979 am größten Broadway-Theater uraufgeführt wurde – dem Uris Theatre in New York (1983 umbenannt zu Gershwin Theatre) – und die Musik modern, aber eingängig ist, muss das Stück nicht uninteressant sein für das Repertoire von Opernhäusern. Obwohl der amerikanische Komponist Stephen Sondheim (geb. 1930) behauptet, er könne mit Oper nicht viel anfangen, schätzt er nach eigenem Bekunden vor allem *Carmen*, *La Bohème*, *Porgy and Bess*, *Wozzeck*, einiges an *Tosca* und den 1. Akt von *Peter Grimes*. Warum seine eigenen Bühnenwerke zumeist als Musical gelten und nicht als Oper, hat weniger formale Gründe, sondern hängt vielmehr mit dem Herkunftsland und den Stätten der Uraufführungen zusammen. Für das Musical gilt Sondheim als zu intellektuell und seine Musik als „unhummable" – man kann sie nur schwer mitsummen oder -singen. Und für die zeitgenössische Oper in Europa wiederum gilt er als zu melodisch und nicht intellektuell genug. Dabei wurden seine Stücke in Europa bereits mehrfach an Opernhäusern mit Opernsängern aufgeführt. Unter seinen Bühnenwerken ragen neben dem skurrilen *Sunday in the Park with George* (1984, nach Georges Seurats Gemälde „Ein Sonntagnachmittag auf der Insel La Grande Jatte") und *Assassins* (1990, ein Episodenstück über Attentäter, die Anschläge auf amerikanische Präsidenten verübten) vor allem der erfolgreiche „musikalische Thriller" *Sweeney Todd* (1979) heraus.

Mr. Todd ist gefährlicher als Elektra und tobt mitunter genau so ekstatisch wie sie. Erzählt wird die Geschichte einer Vergeltung: Als Todd noch Benjamin Barker hieß, wurde er aufgrund einer Intrige von Richter Turpin verbannt. Der Richter raubte ihm die Frau, die im Irrsinn endet, und das Kind. Fünfzehn Jahre später kehrt Barker als Sweeney Todd zurück und ermordet als Barbier Fremde, Feinde und Freunde mit dem Rasiermesser. „Ich habe die Geschichte als Metapher für jede Art von Obsession verwendet", sagte Sondheim. „Todd ist ein tragischer Held so wie im klassischen Sinn auch Oedipus. Er stirbt am Schluss durch eine bestimmte Art des verhängnisvollen Wissens: Er erkennt, was er die ganze Zeit über getan hat."[99] Sondheims *Sweeney Todd* ist durchkomponiert und am ehesten mit ausgebildeten (Opern-)Sängerinnen und -sängern angemessen zu bewältigen (die misslungene Verfilmung von Tim Burton reduziert das Werk auf optische Effekte). Die komplexe Rhythmik, die subtile Themenverarbeitung, musikhistorische Bezugnahmen (durch das *Dies irae*-Thema und opernhafte Soli und Ensembles) sowie grelle Kontrastwirkungen machen *Sweeney Todd* zu einem Stück Musiktheater, das in seinen Ansprüchen einer zeitgenössischen Oper in nichts nachsteht.

8.7 Oper und Musical

Wo die Grenze zwischen Oper und Musical verläuft, ist mitunter schwer zu bestimmen. Dabei sollten beide längst gleichberechtigt anerkannte Bestandteile des Musiktheaters sein. Denn wie die Oper ist auch das Musical heute vom Kino beeinflusst (Lloyd-Webbers *Sunset Boulevard*, 1993 nach Billy Wilders gleichnamigen Film), greift auf große literarische Stoffe zurück (wie bei Schönbergs *Les Misérables* nach Hugo, 1980, oder Lloyd-Webbers *The Woman in White* nach Collins 2004) oder adaptiert Opernstoffe in neuer Gestalt (*Rent* von 1996 nach Puccinis *La Bohéme*). Nicht zuletzt verknüpft diese moderne Form des musikalischen Theaters auch komplexe Themen mit historischen Hintergründen wie in *Miss Saigon* (1989), bei dem die Grundkonstellation von Puccinis *Madame Butterfly* (1904) in den Vietnam-Krieg verlegt wird.
Ein solches Vorgehen als Häresie des Kommerztheaters an etablierten Kunstwerken zu betrachten ist Heuchelei. Nicht erst seit Puccinis Zeiten spielen für „seriöse" Komponisten kommerzielle Erwägungen sehr wohl eine große Rolle, was nicht allein Puccinis Briefe belegen. „Ich schreibe für sämtliche Rassen der Erde", notierte der Komponist. „Wir müssen den halben Erdkreis unterhalten, lieber Adami. Gelingt uns das nicht, so gibt es einen Reinfall, und das darf nicht passieren."[100] Und so konstatierte ein Puccini-Fachmann keineswegs zu Unrecht: „Man darf ruhig übertreiben: in eine Puccini-Oper gehen Leute, die sonst keine Oper besuchen."[101]
Die Breitenwirkung des Musicals, das der Oper an Auslastungszahlen längst den Rang abgelaufen hat, macht das Genre in Europa verdächtig, weil bei Musicals der kommerziellen Ver-

wertbarkeit der Stücke eine wichtige Rolle zukommt. Doch wie die Geschichte der Oper zeigt, benötigte auch diese Kunstform stets Geldgeber und Kassenerfolge. Die pauschalisierende Kritik an Musicals ist heutzutage Teil eines vor allem in Deutschland geführten Verteilungskampfes um der als höherwertig angesehenen Kultur Marktanteile zu sichern. Ein Vergleich von *Madame Butterfly* (1904) und *Miss Saigon* (1989) zeigt allerdings, dass beide Werke auf ihre besondere Art Bereicherungen für das Musiktheater sind, jedoch unterschiedliche Ansätze verfolgen, so wie einst die *Bohéme*-Versionen von Puccini und Leoncavallo. Beide Stücke spielen in Asien – Giacomo Puccinis Werk in Japan und Claude-Michel Schönbergs (geb.1944) Stück in Vietnam. Ein amerikanischer Armeeangehöriger ehelicht aus einer Laune heraus nach Landessitte eine asiatische Einheimische, die sich in ihn verliebt und große Hoffnungen an die Beziehung knüpft. Die junge Frau wird schwanger, ihr Mann jedoch verlässt sie, weil er in die USA zurückkehrt und dort eine Amerikanerin heiratet. Als er mit seiner neuen Gattin in das asiatische Land zurückkehrt, erkennt seine ehemalige Geliebte, dass eine gemeinsame Zukunft unmöglich ist, und begeht Selbstmord. Beide Komponisten streben eine auf Allgemeinverständlichkeit abzielende Musik an, wobei bereits Puccini stets auf der Suche nach maximalem „effetto" in seinen Werken ist. Im Gegensatz zu *Madame Butterfly* ist dieser bei *Miss Saigon* auch szenisch, wenn der spektakuläre Abzug der Amerikaner aus Vietnam im April 1975 gezeigt und das berühmte Foto mit dem über dem Botschaftsgebäude schwebenden Hubschrauber nachgestellt wird, was zu den optischen Höhepunkten der Produktionen gehört. Beide Komponisten bieten keine Verklärung, nehmen aber Rücksicht auf die Erwartungshaltung des Publikums. Puccini interessiert vor allem die intime Individualtragödie, Schönberg bezieht in verschiedenen Szenen das Umfeld und den Krieg mit ein. Puccini strebt mit einem weitgehend traditionellen Orchester einen einheitlichen Stil an, der Franzose bedient sich eines musikalischen Mischstils mit modernen Klangmitteln. Puccini bietet eine enge Perspektive mit einer über lange Strecken statischen Handlung – die japanische Frau steht im Mittelpunkt, eine unmittelbare Begegnung mit der amerikanischen Gattin ihres ehemaligen Geliebten lässt der Komponist am Schluss nicht zu. Bei Schönberg wird der Amerikanerin sogar eine eigene Arie zugestanden und es kommt zu einem Gespräch zwischen den Vertreterinnen der beiden Kulturen. Wäh-

rend bei *Madame Butterfly* der innere Konflikt dominiert, weitet *Miss Saigon* das Spektrum und erzählt von den Zeithintergründen und dem Schicksal von Kriegswaisen.
Bei Puccini besteht die Kompositionsstrategie darin, den „schönen Schein" quälend lange aufrecht zu erhalten – tiefe Klarinetten, Englischhorn, gestopfte Hörner und Trompeten durchsetzen erst ganz allmählich die freundlichen Klangfarben mit Andeutung auf Unheil und Tod. Demgegenüber wurde Schönberg hierzulande vorgeworfen, die Musik riesele wie aus einer Gießkanne (Gleiches könnte man indes auch über die Minimal Music oder die Secco-Rezitative der italienischen Oper sagen, welche indes in Deutschland als „seriöse" Musik anerkannt sind und von der Musikkritik protegiert werden.) Beide Komponisten streuen mit Pentatonik und melodischen Anlehnungen exotische Klangeffekte ein. Während Puccini eingängig fließenden italienischen Klanggestus zu Gehör bringt, vernimmt man bei Schönberg arioses neben Pop-Elementen und auch hektische, zerhackte Rhythmen. Wenn auch auf unterschiedliche Weise, so gelingt es doch beiden Komponisten, überzeugende Charakterportraits des Liebespaares aus unterschiedlichen Kulturkreisen zu zeichnen. Puccini zeigt eine enge Welt, was allein dadurch deutlich wird, dass die Handlung zumeist in geschlossenen Räumen spielt. Schönberg bezieht Sozialkritik und satirische Elemente mit ein, wenn in der spektakulären „American Dream"-Szene die Gier nach dem „amerikanischen Traum" als hohle Illusion entlarvt wird. Der Suizid im Finale von *Madame Butterfly* ist im einheitlichen Klangstil Puccinis gehalten, während in *Miss Saigon* scharfe Kontrastwirkungen zur Geltung kommen, wenn der „American Dream"-Song noch spöttisch hereindröhnt.
Beide Bühnenwerke sind hinsichtlich der selbst gesteckten Ziele erfolgreich, bedienen sich aber – im Abstand mehrerer Generationen – ähnlich unterschiedlicher Gestaltungsmittel wie die verschiedenen Fassungen der Orpheus- und der Medea-Legende. Das Musical hat in seiner noch relativ jungen Geschichte Werke hervorgebracht, die es zu einer eigenständigen Form des Musiktheaters machen, die der Oper näher steht als der zumeist kultivierte Kitsch der Operette. Der Hauptunterschied: In der Theaterpraxis ist es üblich, dass Musical-Komponisten zumeist von Spezialisten unterstützt werden, die ihre Werke instrumentieren (bei *Miss Saigon*: William D. Brohn; bei *Sweeney Todd*: Jonathan Tunick; selbst Leonard Bernstein, der in der Lage war, komplexe

Sinfonien selbst zu instrumentieren, gingen bei der *West Side Story* Sid Ramin und Irwin Kostal zur Hand). „Echte“ Opernkomponisten indes schreiben die Partitur von der ersten bis zur letzten Note selbst.

8.8 Oper und Geschichte

Indem Wolfgang Rihm (geb. 1952) für *Die Eroberung von Mexiko* auf Texte von Antonin Artaud (1896-1948) zurückgriff, nahm einer der profiliertesten Opernkomponisten der Gegenwart Bezug auf einen der radikalsten Dramatiker und Theoretiker des 20. Jahrhunderts. Theater hatte für Artaud nichts Repräsentatives, sondern sollte die Energien der Wirklichkeit des Seins unmittelbar umsetzen. Für ihn kam es darauf an, „die Unterwerfung des Theaters unter den Text zu durchbrechen und den Begriff einer Art von Sprache zwischen Gebärde und Denken wiederzufinden“.

Ihm schwebte eine „Expansion außerhalb der Wörter“ vor, die „Möglichkeiten der Entwicklung im Raum, der dissoziierenden, vibratorischen Wirkungen auf die Sensibilität“. In seinem Theater wollte er eine „spannende Gleichung zwischen Mensch, Gesellschaft, Natur und Ding“ aufstellen, die letztlich „an die Musik, den Tanz, die Pantomime oder die Mimik appelliert“[102] – eine ideale Voraussetzung für das Musiktheater. Dementsprechend ist Artauds Prosaentwurf *Die Eroberung Mexikos* auch eine geeignete Grundlage für das von Rihm als „Musik-Theater“ bezeichnete Stück *Die Eroberung von Mexiko* (entstanden 1987-91, uraufgeführt 1992 in Hamburg). Es bietet jedoch kein „Historiengemälde“, vielmehr lässt es unter die Oberfläche blicken: Das von Artaud postulierte „Theater der Grausamkeit“ meint keineswegs Darstellungen von Gewalt und Blut, sondern „bedeutet zunächst einmal Theater, das für mich selbst schwierig und grausam ist“. Und „auf der Ebene der Vorführung handelt es sich nicht um jene Grausamkeit, die wir uns gegenseitig antun können (...), sondern um die viel schrecklichere und notwendige Grausamkeit, welche die Dinge uns gegenüber üben können. Wir sind nicht frei.“[103]

Rihms Bühnenwerk bietet in diesem Sinne keine fortlaufende Geschichte. Es wird überdies ergänzt durch eine Texterweiterung, denn zu Artauds Vorlage kommen noch Gedichtzeilen von Octavio Paz und Passagen aus Artauds Abhandlung *Das Seraphim-Theater* hinzu. Rihm lenkt den Fokus auf Konfliktpotenziale, die

das Leben bestimmen: Krieg/Frieden, Mann/Frau, das Wir/das Fremde. Auf dialektische Weise durchdringen Sprache und Musik einander, wobei sich die mitunter fragmentarischen und stark assoziativen Texte konkreten Deutungsmöglichkeiten entziehen. Sie lassen sich tiefenpsychologisch auslegen, sperren sich indes gegen die gemeinhin narrative Erzählstruktur der Oper und spinnen dennoch einen Handlungsfaden, der von der Konfrontation des Aztekenherrschers Montezuma mit dem spanischen Konquistadoren Cortez zu Beginn des 16. Jahrhunderts handelt.
Der Konflikt wird schärfer herausgearbeitet, indem Rihm Cortez von einem Bariton verkörpern lässt, Montezuma von einem dramatischen Sopran. Der Männerchor übernimmt die Rolle der Spanier, der Frauenchor die der Azteken. Um die Herrscherfiguren facettenreicher darstellen zu können, suchte Rihm nach Erweiterungsmöglichkeiten. Und so werden beide durch Duos im Orchestergraben unterstützt: Für Cortez kommen zwei Sprecher (plus Männerchor) hinzu, für Montezuma ein extrem hoher Sopran und ein tiefer Alt (plus Frauenchor) – für Rihm eine „Emanation der Stimme“.[104] Durch die Postierung des Orchesters an verschiedenen Stellen (Graben, Bühne, Zuschauerraum) kann sich ein ganz eigener, plastischer, mehrdimensionaler Raum-Klang entwickeln. Die Musik selbst wird zur Szene.
„Das Verhältnis zur Bewegung ist für mich dadurch gegeben“, betonte Rihm einmal, „dass ich die Musik als Körper sehe, dessen Bewegungen und Bewegtheiten sie selbst sind, also die Musik selbst.“[105] Am Schluss erklingen die Stimmen von Montezuma und Cortez – Sopran und Bariton – a capella wie in „einer Art Liebesdialog“, sagt der Komponist. „Unbekleidet, vielmehr unbegleitet, also praktisch nackte Stimmen, die eine Person hier jetzt sind. Ein bisschen denke ich da an den Schluss der *Poppea* von Monteverdi (...), das ist eine Linie, die von zwei Stimmen gesungen wird. (...) Seelisch tot, aber es ist das erste Mal, dass diese Person in eines fällt. Das habe ich ja immer von Anfang an so gesehen, dass Montezuma und Cortez eine Selbstbegegnung ist.“[106]
Um solchen Einsichten näher auf den Grund zu gehen, bedarf es der künstlerischen Überhöhung und Verfremdung durch die moderne Oper.

8.9 Oper und Film

Dass nach einem Jahrhundert Filmgeschichte auch die Oper auf dieses Medium zurückgreift, kann nicht überraschen. Bereits in Puccinis *Tosca* deuteten sich kinematographische Elemente wie Überblendungen, der Einsatz von Realmusik und die Verwendung von Geräuscheffekten an. Ende der 1960er Jahre komponierte Britten dann im Auftrag der BBC sogar eine Oper für das Fernsehen – *Owen Wingrave* (1970). Später sollten populäre Filme auch Werke des Musiktheaters inspirieren, wie etwa *Sunset Boulevard* oder *Dead Man Walking*. Die im Jahr 2000 uraufgeführte Oper *Dead Man Walking* von Jake Heggie (geb. 1961) basiert auf Tim Robbins' Film (1995), dem das gleichnamige Buch der Ordensschwester Helen Prejean über einen zum Tode verurteilten Straftäter zugrunde liegt. Während das Medium Film in erster Linie mit Worten und Bildern (und nur gelegentlich mit Musik) wirkt, wird in der Oper durch die instrumental und gesungen vorgetragene Musik analysiert, kommentiert und verwiesen, wodurch das Geschehen insgesamt auf eine höhere emotionale Bewusstseinsebene gehoben wird. Auch der englische Komponist Nicholas Maw (1935-2009) lernte seinen Opernstoff *Sophie's Choice* (Sophies Entscheidung) zunächst durch die Verfilmung von Alan Pakula kennen, der 1982 William Styrons Roman für das Kino adaptiert hatte. Maws Umsetzung erhält eine kinematographische Struktur durch eine „Erzählerstimme", Überblendungen, Rückblenden und vielfache Bildwechsel. Dennoch hat der Komponist auch die Romanvorlage sorgfältig studiert und die Dialogtexte weitgehend deckungsgleich übernommen. Die Geschichte handelt von der Freundschaft zwischen dem jungen Südstaatler Stingo, der nach New York gekommen ist, um Schriftsteller zu werden, und dem Liebespaar Nathan und Sophie, einer Polin, die es kurz nach dem Zweiten Weltkrieg in die USA verschlagen hat. Alles wird aus dem Blickwinkel Stingos geschildert (dessen älteres „Alter ego" als „Erzähler" die Geschehnisse noch einmal nacherlebt): In einer langsamen Rückwärtsbewegung kristallisiert sich erst ganz allmählich heraus, dass das Leben von Nathan und Sophie auf einem Lügengebäude aufgebaut ist. Nathan erweist sich als schizophren und terrorisiert seine Umwelt mit unkontrollierten Hassausbrüchen, während Sophie darunter leidet, dass ihr Vater, obwohl ein geachteter Professor in Krakau, eine führende Figur des polnischen Antisemitismus war und noch vor dem deutschen Einmarsch für die Ausrottung der Juden plädierte. Vor allem quält sie, dass sie im Konzentrationslager mit den Nazis kollaboriert hatte, um sich und ihren Sohn zu retten. „Das Thema war ungemein wichtig", sagt Nicholas Maw, „es ist immer noch sehr stark ein Teil unserer Lebenserfahrung – unserer nationalen Erfahrung, unserer persönlichen Erfahrung, unserer politischen Erfahrung."[107] Doch das Reizwort „Auschwitz" macht es einem Opernkomponisten ganz besonders schwer, weil bestimmte Erwartungshaltungen daran geknüpft sind. Welchen Stil soll man wählen? Denkbar wäre es, eine „sozial engagierte" Musik zu komponieren mit scharfen Dissonanzen, atonalen Elementen oder der zusätzlichen Verwendung von Tonbandeinspielungen über Lautsprecher (wie in Luigi Nonos Textkonglomerat der „Azione scenica" *Intolleranza 1960*, uraufgeführt 1961, oder Bernd Alois Zimmermanns *Die Soldaten* von 1965) oder subtil eingesetzte zwölftönige Techniken (wie in Hans Werner Henzes *Die Bassariden*, 1966, oder *Wir erreichen den Fluss*, 1976). In Anbetracht der realistischen, narrativ angelegten Handlungsentwicklung in *Sophie's Choice* entschied sich Maw dafür, mit Musik eine Geschichte zu erzählen und nicht irgendeine Art von „Betroffenheit" zu inszenieren oder zu komponieren. Das mit fünf Hörnern, dreifach besetzten Holzbläsern, je drei Trompeten und Posaunen, Tuba, Schlaginstrumenten, Harfe und Streichern umfangreich besetzte Orchester bietet das Potenzial dafür, doch Maw gewinnt ihm über weite Strecken eine geradezu kammermusikalische Transparenz ab. Seine Oper ist ein Konversationsstück, bei dem – ähnlich wie in Janáčeks Werken – die Melodie der Sprache eine wesentliche Rolle spielt: Sie bietet versteckte Hinweise darauf, ob die Figuren lügen, etwas verschweigen oder aufrichtig sind. Mitunter gibt Maw genaue Anweisungen, etwa wenn Sophie ihr „You mean I have to choose?" (Sie wollen wirklich, dass ich mich entscheiden muss?) „with hollow voice", mit hohler Stimme, vorzutragen hat. Das Orchester changiert mit sich verschiebenden Klangflächen, auf denen sich die Protagonisten mitunter wie auf unsicherem Grund bewegen. Bereits die ruhige, getragene Orchestereinleitung („calm and sustained") verweist darauf, dass in dieser Oper keine schreiende Anklage zelebriert wird, sondern eher die traumatisierenden Konsequenzen gezeigt werden: Die dumpfe Apathie der Verzweiflung. Orchestrale Zwischenspiele führen Schnittstellen der emotionalen Entwicklung weiter. *Sophie's Choice* thematisiert auch das Verdrängen und das

Vergessenwollen. Anfangs sind im Brooklyn des Jahres 1947 Europa und der Holocaust weit weg, deshalb „weiß“ die Musik noch nichts von dem, was folgt. Die verschiedenen Zeitebenen (des Erzählers Anfang der 1970er Jahre, der Haupthandlung 1947 und der Rückblenden in die Zeit kurz vor und während des Krieges) illustriert Maw nicht musikalisch; nur einmal, als Nathan und Sophie in ausgelassener Laune sind, tanzen sie einen Tango im Stile der 1930er Jahre. Doch je mehr Sophie in den folgenden Akten Erinnerungen an die düstere Vergangenheit peinigen, desto ernster wird die Musik. Während Nathans Irrsinn und seine Tobsuchtsanfälle vom Orchester mit brutaler Härte begleitet werden, ist die Musik der SS-Offiziere still und kalt, ja, die Besetzung des Lagerkommandanten Höss mit einem „Heldentenor“ geradezu ein ironischer Verweis auf das im Wagner-Opern-Stil sich inszenierende Dritte Reich.

Sophie's Choice ist auch eine Oper über individuellen und kollektiven Irrsinn. „Immer wenn Nathans gefährlicher paranoid-schizophrener Zustand gezeigt wird, erklingen nur B und Ges, die kleine Terz“, sagt Simon Rattle, der Dirigent der Uraufführung. „Dieser zweitönige Akkord steht für Nathans Wahnsinn. Der europäische Wahnsinn des Holocausts und von Auschwitz wird durch eine andere Art Akkord dargestellt. Jedes Mal, wenn von Auschwitz die Rede ist, klingt er an. Wahrlich atemberaubend ist die Wirkung dann in der großen Auschwitz-Szene, wenn Sophie ihre Entscheidung treffen muss. Ich glaube, hierbei handelt es sich um den am längsten nachklingenden Akkord des westlichen Orchester-Repertoires. Er wird über fünf Minuten in den Streichern gehalten, während die Todeskandidaten aussortiert werden, und die Holzbläser werfen einen Schleier darüber. Gegen Ende ist diese Spannung nahezu unerträglich. Und sie bleibt erhalten bis zu den Schlusstakten, genau so wie sie uns während des ganzen restlichen 20. Jahrhunderts bis hinein ins 21. Jahrhundert verfolgt hat.“[108] Reduziert man *Sophie's Choice* auf das Thema der Massenvernichtung der Juden durch die Nazis, greift man zu kurz. Das Werk handelt vielmehr vom Umgang mit traumatischen Erfahrungen, wofür Maw eine eindringliche Tonsprache gefunden hat. Völlig fassungslos berichtet Sophie: „Der Tag, an dem ich in Auschwitz ankam, war so schön. Die Forsythien blühten...“ Dann erfährt man von ihr erst kurz vor Ende der Oper, worin „Sophie's Choice“, Sophies Entscheidung, besteht: Ein SS-Arzt im Konzentrationslager zwing sie bei der Ankunft zu wählen, welches ihrer Kinder leben darf und welches in den Gastod geschickt werden soll. Die Rolle der Sophie gehört zu den großen tragischen Partien der Opernliteratur – ihr Dilemma übertrifft noch jenes der Medea, die willentlich zur Mörderin wird, obwohl sie sich hätte geschlagen geben und zurückziehen können, um wenigstens ihre Kinder leben zu lassen. Die Wahl von Sophie besteht darin, dass sie keine hat und unschuldig schuldig werden muss. Sie findet kein Vergessen. Am Schluss entdeckt Stingo die leblosen Körper von ihr und Nathan – beide haben den gemeinsamen Freitod gewählt. „At Auschwitz, tell me, where was God?", fragt der Erzähler, der gehofft hatte, durch Sophie dereinst Auschwitz „zu verstehen". Doch die Antwort beinhaltet eine weitere Frage: „Where was Man?" (Sage mir, wo war Gott in Auschwitz? / Die Antwort: Wo war der Mensch?) Dieses heikle Thema auf der Opernbühne führt das Musiktheater an die Grenzen seiner Möglichkeiten. Die grundlegende Frage lautet: Wozu braucht man überhaupt noch Opern in einer Zeit, in der das Kino die Klaviatur der Emotionen vielleicht sogar noch gekonnter bedient als einst Monteverdi, Händel, Gluck, Mozart, Verdi oder Wagner? Zumal auch eine temporale Komponente hinzukommt: Maws Oper beispielsweise ist mit etwa dreieinhalb Stunden erheblich länger als der Film (was ein rein „technisches" Problem ist, da ein gesungener Text mehr Zeit beansprucht als ein gesprochener). Als Britten Anfang der 1970er Jahre an seiner Opernfassung von Thomas Manns Novelle *Tod in Venedig* arbeitete, wusste er nichts von der gleichzeitig entstehenden Verfilmung durch Luchino Visconti. Beide Werke gewinnen auf völlig unterschiedliche Weise dem Stoff völlig neue Aspekte ab. Dennoch erreichte der Film ungleich mehr Zuschauer. Warum also noch Oper? Eine anthropologische Entgegnung könnte lauten: Weil Klänge der Urgrund unserer Wahrnehmung sind. Weil zunächst Klänge und Laute das Bewusstwerden des Menschen begleitet haben und die Sprache erst wesentlich später als rationales Element des Welterfassens hinzugekommen ist. Interessanterweise verwandelte auch der Filmregisseur Visconti zur Steigerung der emotionalen Komponente den Protagonisten aus Manns Erzählung vom Schriftsteller in einen Musiker. Doch wieso noch Oper? Die Antwort eines Komponisten: „Zur Musik gehören Gesang und Tanz, ganz gleich, welche großartigen oder gelehrten Strukturen man darauf aufbaut", so Maw einmal in einem Interview. „Was ich erreichen will ist, auf diesem Planeten das große Lied unseres Daseins zu singen."[109] Dies gelingt am ehesten in einem Medium, das den natürlichsten Raum für Gesang und Tanz zu bieten hat: in der Oper.

9. Die Oper als offene Kunstform

In dem Film *Philadelphia* (1993) ist ein Aids-Kranker fasziniert von der Arie der Maddalena „La mamma morta“ (Sie haben meine Mutter getötet) aus Giordanos Oper *Andrea Chenier* (1896). Sie handelt von der Einsamkeit und Verzweiflung eines Menschen, dessen Verwandte im Zuge der Französischen Revolution vom rebellierenden Mob ermordet wurden und dessen Elternhaus man niedergebrannt hatte: „Così fu sola! E intorno il nulla!“ (Und so war ich allein, umgeben vom Nichts...). Und dennoch gelingt es dieser Person, sich den eigenen Ängsten zu stellen und neuen Lebensmut zu gewinnen – ein Umschwung, der in der Gesangslinie und der Orchesterbegleitung zum Ausdruck kommt. Die Szene in *Philadelphia*, in der Andrew (Tom Hanks) völlig selbstvergessen der Stimme von Maria Callas lauscht, ist nur ein kleines Beispiel für das auch heute noch wirkungsmächtige Utopien- und Emotionspotenzial der Oper. Die Vielseitigkeit des Genres bietet jedem Einzelnen Identifikationsmöglichkeiten, wobei das „Philadelphia-Erlebnis“, das persönliche Schlüsselwerk, für jeden ein anderes sein wird. Die Oper vermag ästhetische und „kulinarische“ Erwartungen zu erfüllen (z. B. in der Renaissance- und Barockoper), aber auch Formbewusstsein zu befriedigen (vor allem im Barock und in der Klassik) sowie politische und psychologische Dimension zu berühren (in der Oper des 19. bis 21. Jahrhunderts). Dennoch bleibt die Oper die absurdeste und zugleich die sinnvollste aller Kunstformen. Absurd hinsichtlich des Aufwands an Personal und Penunse; *Sinn-voll* in des Wortes wahrster Bedeutung, denn sie beansprucht alle Sinne gleichzeitig. Von allen Kunstformen ist die Oper die größte emotionale und intellektuelle Herausforderung, die je ersonnen wurde.

In Zeiten, in denen die Oper längst nicht mehr zu den Leitmedien der Gesellschaft gehört, sondern nur ein Angebot unter vielen für wesentlich mehr Menschen als noch vor 100 oder 200 Jahren ist, zeigt sich umso deutlicher, dass sie nicht „massenkompatibel“ ist: *Zuhören* ist eine Herausforderung und *Denken* heißt – im Sinne Ernst Blochs – überschreiten. Oper erschließt sich nicht von selbst, sie ist etwas für Neugierige. Man muss sich mit Text, Musik und Geschichte auseinandersetzen und erleben, wie sie auf der Bühne lebendig wird. Die musikalische und szenische Dar-

bietung fordert den Denkprozess heraus. Das macht die Oper bzw. das Musiktheater zu einem bewahrenswerten Kulturgut.
In dieser Einführung wurden beide Begriffe weitgehend synonym verwendet, weil Opernkomponisten immer in „Theater-Dimensionen" gedacht haben – konzertante Aufführungen wären für sie absurd gewesen und es gibt bis heute keine Tonträger und Wiedergabegeräte, die den unmittelbaren Gesamteindruck von Live-Musik in einem großen Saal oder Opernhaus wirklich adäquat wiedergeben können. In Debatten wurde der Begriff „Musiktheater" aber auch häufig für die moderne Sicht auf Opernstoffe verwendet. Hintergrund ist ein Wandel in der Programmgestaltung: Bestand im 19. Jahrhundert ein Großteil der Produktionen aus neuen Werken bzw. aus Stücken, die erst wenige Jahre alt waren, so ist die Zahl der Uraufführungen aus Kostengründen heutzutage minimal und die Standardwerke des Repertoires mindestens ein halbes Jahrhundert alt (z. B. Britten oder Strauss). Doch Oper verlangt heutzutage auch, sowohl die Gebäude als auch die Gattung nicht zum „Museum" erstarren zu lassen. Opern erfordern das Reflektieren. Ernst Bloch hat bereits 1930 in seinem Aufsatz „Mangel an Opernstoffen" zu bedenken gegeben, dass die Theaterwirkung von „alten Opern (...) dauernd immer anders wird" – Themen für das Musiktheater sind immer und überall zu finden, für Opernstoffe gebe es kein „Zuspät" und auch keinen „numerus clausus".
Aus einer Oper des späten 18. Jahrhunderts können wir möglicherweise mehr über uns selbst und das Leben erfahren als aus einem Werk, das erst vor Kurzem uraufgeführt wurde. Opern sind nichts Starres, keine erhaltenswerten Steinskulpturen, sondern flexible „Organismen", die immer wieder aufs Neue befragt werden können. Die Mehrdeutigkeit war und ist schon immer das Ziel von Opern. Oper ist eine offene Kunstform, die sich vielen Dechiffrierungen erschließt. Umberto Eco zufolge liegt der „Eindruck von Offenheit" bei einem Kunstwerk „nicht im objektiven Reiz, der in sich materiell determiniert ist", sondern „er liegt in der Erkenntnisbeziehung, bei der sich Offenheitsmöglichkeiten verwirklichen, die von den gemäß einer ästhetischen Intention organisierten Reizen stimuliert und gelenkt werden".[110] Die Möglichkeitsfelder und Ambiguitäten der Oper sind flexibel für die unterschiedlichsten Lesarten – dadurch ergeben sich ihre Dynamik, ihre Ausdruckskraft, die unterschiedlichsten Intensitätsebenen, das Sinnpotenzial und das anscheinend unerschöpfliche Re-

servoir an Bedeutungen. Die vor 400 Jahren in Italien geschaffene Oper hat im Laufe der Zeit viele Wandlungen durchgemacht und in anderen Ländern eigenständige Formen hervorgebracht, was durch die Vielfältigkeit der Oper im 20. Jahrhundert besonders evident wurde. Durch eine unvoreingenommene Lesart und eine flexible Gestaltung der Inszenierung kann die Oper auch problemlos ins 21. Jahrhundert übertragen werden. Ob Aufführungen dabei „modern" oder „traditionell" sind, ist nicht die entscheidende Frage. Wesentlich ist, ob sie *werkgerecht* sind. Was kann das heißen? Dafür muss man sich auf die Gestaltungsmechanismen, die Themen und die geistigen Grundlagen der Oper einlassen. Geht man davon aus, dass Oper nicht das ist, was allein im Libretto oder in der Partitur steht oder auf silberne Scheiben gepresst ist, sondern – unter Berücksichtigung des Faktors Zeit – ein vierdimensionales, akustisch-optisches Kunstwerk, das nur lebendig wird in szenischer *und* musikalischer Umsetzung, dann gilt für den Gesamteindruck einer Opernaufführung jedenfalls: Oper ist dann am besten, wenn man die künstlerische Darbietung genießen und sich so fesseln lassen kann, als ob man das Stück zum ersten Mal erlebt und man seinen scharfen Verstand daran wetzen kann.

Im 21. Jahrhundert ist die Oper so tot oder so überflüssig, wie wir es zulassen. Altmodisch wird sie erst, wenn nicht mehr über sie reflektiert wird. Oper ist nicht allein durch ihre musikalischen Qualitäten ein Vergnügen, sondern weil sie eine uneingeschränkte Freiheit des Denkens erst ermöglicht.

Glossar

Adagio – ruhig
Allegretto – etwas langsamer als Allegro
Allegro – schnell
Andante – gehend, bewegt
Andantino – etwas schneller als Andante
Appoggiatura – (ital. „Vorschlag“) bezeichnet eine Verzierung in der Instrumental- und Vokalmusik
Arie – Solo-Gesang für eine Person
Basso continuo, Generalbass – tiefe Instrumentalstimme, die in Verbindung steht zur Melodie und den passenden Akkorden (harmonische Grundlage der Barockmusik)
Belcanto – (ital. „bel canto“ = „schöner Gesang“) Gesangstechnik der italienischen Oper vom 17. Jahrhundert bis etwa Mitte des 19. Jahrhunderts
Chromatik – (griech. „χρώμα“ = „Farbe“, „gefärbte Tonfolge“) die chromatische Tonleiter bezeichnet die Einteilung einer Oktave in zwölf Halbtonschritte (siehe Diatonik)
Coleur locale – Lokalkolorit
Countertenor – männlicher Sänger, der durch eine mit Brustresonanz verstärkte Kopfstimmen- bzw. Falsett-Technik in Alt- oder sogar Sopran-Lage singt
Crescendo – (ital. „anwachsend“) Vortragsbezeichnung für „lauter werdend“
deus ex machina = [lat. „Gott aus einer/der (Theater-)Maschine“] Auftauchen einer Gottheit mit Hilfe einer Bühnenmaschinerie, wodurch das Stück zu einem guten Ende gebracht wird
Diatonik – die diatonische Tonleiter bezeichnet die Einteilung einer Oktave in sieben Tonschritte (siehe Chromatik)
Diminuendo – (ital. „verringernd“) Vortragsbezeichnung für „leiser werdend“
Dominante – Dreiklang, dessen Grundton eine Quinte über dem Grundton (Tonika) der Haupttonart liegt
Duett – Gesangsstück für zwei Solisten
Dynamik – Tonstärke, Lautstärke
Fioritur – Umspielung einer Melodie beim Kunstgesang (siehe Koloratur, Appogiatura)
forte (f) – laut
fortissimo (ff) – sehr laut
Fuge – (lat. „fuga“ = „Flucht“) zumeist drei- oder vierstimmige Form der Themenverarbeitung, bei der ein kurzes Thema vorgegeben wird („Dux“ = „Führer“), dann kommt eine zweite Stimme in der Dominante hinzu („Comes“ = „Gefährte“) usw.

Glissando – (frz. „glisser“ = „gleiten“) in der Musik die kontinuierliche (gleitende) Veränderung der Tonhöhe

Homophonie = (griech. homophōnía „Gleichklang“) eine mehrstimmige musikalische Satzweise, bei der eine melodische Stimme (Cantus Firmus) führt und von anderen untergeordneten Stimmen oder Instrumenten begleitet wird

Hosenrolle – Opernrolle, bei der eine Frau einen jungen Mann bzw. einen männlichen Jugendlichen spielt

Invention – (lat. „inventio“ = Einfall) ideenreiches bzw. neuartiges Musikstück

Kastrat – Sänger, bei dem durch Kastration beim Erwachsenen die Knabenstimme in der Sopran- bzw. Altlage erhalten bleibt (vor allem in der Barockoper)

Koloratur – (lat. „color“ = „Farbe, Färbung“) ist im Gesang eine schnelle Abfolge von Tönen mit kurzen Notenwerten gleicher Länge, die gebunden oder staccato ausgeführt werden

Kontrapunkt – (lat. „punctus contra punctum“ = „Note gegen Note“) „Gegenstimme“, Tonfolge, die gleichzeitig mit einer gegebenen Melodie erklingt

Lamento-Arie – (ital. Klage, Klagelied) Klage-Arie

Largo – breit, sehr ruhig (auch Bezeichnung für ein solches Musikstück)

legato – (ital. „gebunden“) Töne einer Melodienfolge erklingen gebunden ohne eine akustische Unterbrechung (siehe staccato, Portamento)

Lento – langsam

lieto fine – das „heitere, glückliche Ende“ eines Bühnenstücks

Moderato – mäßig schnell

Ombra-Arie – (ital. „ombra“ = Schatten) Szene, in der die Seele von tragischen Umständen überschattet wird

Parlando – (ital. „redend“) ein dem Sprechgesang ähnliches, schnelles Singen

pianissimo (pp) – sehr leise

piano (p) – leise

Polyphonie = (griech. πολυ poly „mehr“ und φονη phone „Stimme“) Mehrstimmigkeit in der Musik

Portamento – (ital. „portare“ = „tragen“) eine Phrasierungstechnik bzw. eine Verzierung beim Gesang („portamento di voce“ = „Tragen der Stimme“), z. B. wenn zwei aufeinanderfolgende Noten in einer Melodie durch einen Schleifer oder ein kurzes Glissando miteinander verbunden werden

Presto – sehr schnell

Quart – (lat. „quarta“ = „die Vierte“) Bezeichnung für das Intervall zwischen vier benachbarten Tonstufen

Quartett – Gesangsstück für vier Solisten

Quinte – (lat. „quinta“ = „die Fünfte“) Bezeichnung für das Intervall zwischen fünf benachbarten Tonstufen

Quintett – Gesangsstück für fünf Solisten
Rezitativ – Sprechgesang („recitaivo accompagnato" = vom Orchester begleitet; recitativo secco" = vom Tasteninstrument „trocken" begleitet)
Rhapsodie – Vokal- oder Instrumentalwerk mit lose miteinander verbundenen musikalischen Themen
ritardando (rit.) – zurückhaltend
Ritornell – refrainartiger Teil eines Rondos, der im Verlaufe des Musikstückes mehrfach wiederkehrt
Scherzo – (ital. „scherzando" = „lustig", „heiter") ein zumeist schnelles, lebhaftes Musikstück, das einen munteren, kraftvollen, aber auch grotesken Charakter haben kann
Sekunde – (lat. „secunda" = „die Zweite") Bezeichnung für das Intervall zwischen zwei benachbarten Tonstufen
Sextett – Gesangsstück für sechs Solisten
Simile-Arie – (ital „gleich") Gleichnis-Arie
Sonatenhauptsatz – Formschema, nach dem zumeist der erste Satz einer Sinfonie („Kopfsatz") gestaltet ist; er besteht aus Exposition (Einführung der Themen), Durchführung und Reprise (Wiederholung)
Spinto – (ital. „gestoßen") Stimmtypus des Sopran- und Tenorfachs, der sowohl lyrische als auch dramatische Passagen bewältigen kann
staccato – (ital. „staccarsi" = für „(sich) abstoßen, abgetrennt") eine Note wird „abgehackt" nur kurz angespielt oder gesungen (siehe legato, Portamento)
Suite – (frz. „suite" = „Folge, Abfolge") in der Musik ein Zyklus von Instrumental- oder Orchesterstücken
Terz – (lat. „tertia" = „die Dritte") Bezeichnung für das Intervall zwischen drei benachbarten Tonstufen
Terzett – Gesangsstück für drei Solisten
Tonika – (griech. „tonos" = Spannung) Grundton einer Tonleiter
Trugschluss – eine Kadenz, in der die Dominante nicht in die Tonika sondern in einen Tonikavertreter mündet
Tutti – alle Instrumente spielen gleichzeitig
Vivace – lebhaft
Vorschlag – Verzierung einer Note; ein Vorschlag bringt zuerst den Ton der notierten Vorschlagnote, dann den Hauptton (siehe auch Appoggiatura)

Anmerkungen

[1] Willi Reich (Hrsg.): *Gustav Mahler. Im eigenen Wort – Im Wort der Freunde*, Zürich 1958, S. 47.

[2] Siehe u. a. Walter Panowsky: *Protest in der Oper*, München 1966; Nora Eggert: *Von der Oper zum Musiktheater*, Berlin 1995; David J. Levin: *Unsettling Opera – Staging Mozart, Verdi and Wagner*, University of Chicago Press 2007; Norbert Abels: *Ohrentheater – Szenen einer Operngeschichte*, Frankfurt a. M. 2009.

[3] Vgl. Irvin D. Yalom: *Existenzielle Psychotherapie*, Bergisch Gladbach 2005.

[4] Bei einem Kastraten wird durch einen operativen Eingriff verhindert, dass ein Knabe bei seiner Geschlechtsreife in den Stimmbruch kommt. Das Ziel bestand darin, dass der ausgebildete Sänger dann mit der Kraft eines Erwachsenen, aber der Stimmlage eines Jugendlichen singen konnte. Nur einem Bruchteil der kastrierten Kinder gelang eine Karriere. Der vor allem in England eingesetzte Counter-Tenor singt im Gegensatz dazu mit einer falsettierten Männerstimme. Siehe Hubert Ortkemper: *Engel wider Willen – Die Welt der Kastraten*, München 1995.

[5] Vgl. Ronald B. Tobias: *20 Masterplots – Woraus Geschichten gemacht sind*, Frankfurt a. M. 1999.

[6] Giulio Caccini (1551-1618), zitiert nach Carl Dahlhaus: „Seconda prattica und musikalische Figurenlehre", in Ludwig Finscher: *Claudio Monteverdi – Festschrift Reinhold Hammerstein*, München 1986, S. 143.

[7] Pico della Mirandola (1463-1494), zitiert nach Egon Fridell: *Kulturgeschichte der Neuzeit*, München 1965 (Erstausgabe 1927), S. 178 f.

[8] Marco da Gagliano (1582-1643), zitiert nach Ulrich Schreiber: *Die Kunst der Oper – Geschichte des Musiktheaters*, Band 1,, Frankfurt a. M. 1988, S. 24.

[9] Wulf Kunold: *Monteverdi*, Reinbek 1986, S. 85.

[10] Siehe hierzu Ulrich Siegele: „*Cruda Amarilli*, oder: Wie ist Monteverdis 'seconda pratica' satztechnisch zu verstehen?", in Heinz-Klaus Metzger/Rainer Riehn: *Claudio Monteverdi – Vom Madrigal zur Monodie (Musik Konzepte 83/84)*, München 1994, S. 31 – 102.

[11] Gluck an Leopold von Toscana 1767, zitiert nach Patricia Howard (Hrsg.): *Cambridge Opera Handbook*, Cambridge 1981.

[12] Vorwort zu *Alceste* (1767).

[13] Brief von Gotthold Ephraim Lessing an seinen Bruder Karl, 2. Februar 1774.

[14] Brief von Lessing an Moses Mendelssohn, 18. Dezember 1756.

[15] Vgl. Jonathan Crary: *Aufmerksamkeit – Wahrnehmung und moderne Kultur*, Frankfurt a. M. 2002.

[16] Peter Conrad: „A little knight music", in *Observer*, 19. Mai 1991, S. 53.

[17] *Gentleman's Journal*, 1692.
[18] *Pro:log* (Zeitschrift der Wiener Staatsoper), Februar 2010, Nr. 136, S. 4.
[19] Ebd., S. 7.
[20] Mark Ringer: *Opera's First Master – The Musical Dramas of Claudio Monteverdi*, New York 2006, S. 217.
[21] Johann Mattheson (1681-1764) zitiert nach Maurice Ashley: *Das Zeitalter des Absolutismus – Von 1648 bis 1775*, München 1978, S. 233.
[22] Michael Tippett: *Essays zur Musik*, Mainz 1998, S. 84.
[23] James Ralph: *The Touchstone: or Essays on the Reigning Diversions of the Town*, London 1728, zitiert nach Christopger Hogwood: *Händel*, Stuttgart 1992, S. 94.
[24]Goldonis *Mémoires* zitiert nach Schreiber (s. Anm. 8), S. 92 f.
[25]G. M. Leblond (Hrsg.): *Mémoires pour servir à l'histoire de la Révolution opérée dans la musique par M. le Chevalier Gluck*, Paris 1781, S. 10.
[26] Lessing: *Abhandlungen über die Fabel*, 1759.
[27] Leblond (s. Anm. 25), S. 10.
[28] Denis Diderot: *Von der dramatischen Dichtkunst*, 1760.
[29] Vgl. Volkmar Braunbehrens: *Mozart in Wien*, München 1986; unter anderem S. 150 ff., 442 ff.
[30] Brief vom 13. Oktober 1781, zitiert nach Georg Knepler: *Wolfgang Amadé Mozart – Annäherungen*, Frankfurt a. M. 1993, S. 69.
[31] Brief vom 4. April 1787, zitiert nach Alfred Einstein: *Mozart – Sein Charakter, sein Werk*, Frankfurt a. M. 1978, S. 88 (Erstausgabe 1945).
[32] Brief vom 7./8. Oktober 1791, zitiert in: Horst Wandry (Hrsg.): *Wolfgang Amadeus Mozart – Briefe*, Zürich 1997, S. 414.
[33] Stendhal: *Rossini*, Frankfurt a. M. 1988, S. 215. Die Originalausgabe *Vie de Rossini* erschien 1824 in Paris.
[34] *Die Weltbühne*, 21. Februar 1933.
[35] „So blühe denn, Wälsungenblut!“ schmettert Siegmund am Ende des 1. Aktes in Wagners *Die Walküre*.
[36] Vgl. Ulrich Tadday (Hrsg.): *Arthur Sullivan (Musik-Konzepte 151)*, München 2011.
[37] Erstmals beschrieben von dem amerikanischen Neurologen George Miller Beard (1839-1883), der 1869 mit seiner Publikation *Neurasthenia, or Nervous Exhaustion* (Boston Medical and Surgical Journal, 1869; 80, S. 217-221) den Ausdruck „Neurasthenie“ als wissenschaftlichen Begriff einführte.
[38] Siehe Giovanna Kessler: „Die Vergnügungsindustrie Italiens“, in Donizetti: *Viva la Mamma*, Programmheft des Theaters Krefeld/Mönchengladbach 1985/86.
[39] S. Morgenstern: *Komponisten über ihre Musik*, München 1956, S. 112 f.
[40] Emanuele Senici (Hrsg.): *The Cambridge Companion to Rossini*, Cambridge University Press 2004, S. 88.
[41] Ebd., S. 103.
[42] Rossini 1836 gegenüber Antonio Zanolini, zitiert nach Luigi Rognoni:

„Komischer Realismus und romantischer Subjektivismus bei Rossini“, in *Opernwelt*, Jahrbuch 1972.

[43] Vgl. Marco Beghelli: „The dramaturgy of the operas“, in Senici (s. Anm. 40), S. 85 – 103.

[44] Vgl. Heinz Becker: *Die Couleur locale in der Oper des 19. Jahrhunderts*, Regensburg 1976.

[45] *Abendzeitung*, 26. Januar 1817, zitiert nach MMW, Band III, S. 126 f.

[46] Georg Knepler: *Musikgeschichte des 19. Jahrhunderts (Band II)*, Berlin 1961, S. 809.

[47] Brief vom 26. März 1821, zitiert nach Constantin Floros: „Carl Maria von Weber – Grundsätzliches über sein Schaffen“, in *Carl Maria von Weber (Musik-Konzepte 52)*, München 1986, S. 14.

[48] Carl Friedrich Glasenapp: *Das Leben des Richard Wagner*, Band 1, Leipzig 1905, 5. Kapitel.

[49] Michael Leinert: *Carl Maria von Weber*, Reinbek 2003, S. 95 f.

[50] Ebd., S. 95 f.

[51] Siehe: René Leibowitz: „Eine verachtete Oper: *Euryanthe*“, in Heinz-Klaus Metzger/Rainer Riehn: *Carl Maria von Weber (Musik-Konzepte 52)*, München 1986, S. 48 – 71.

[52] Brief vom 31. Oktober 1860, zitiert nach Arthur Lawrence: *Sir Arthur Sullivan – Life story, Letters and Reminiscences*, London, 1899, S. 44 f.

[53] Ebd., S. 56.

[54] Ebd., S. 270 f.

[55] Vgl. John Tyrrell: *Czech Opera*, Cambridge University Press 1988.

[56] Vgl. Sigrid Neef: *Handbuch der russischen und sowjetischen Oper*, Kassel 1993.

[57] Brief vom 1. April 1884, zitiert nach Herbert Sullivan/Newman Flower, *Sir Arthur Sullivan*, London 1927, S. 140.

[58] Siehe Martin Yates, „Musical Unity in the *Yeomen* Score“ in *The Yeomen of the Guard – A Booklet to Commemorate the Centenary of the first production*, hrsg. von der Sir Arthur Sullivan Society 1988, S. 22 – 31; in deutscher Übersetzung in *Sullivan-Journal* Nr. 2 (Dezember 2009), S. 41 – 52; und Martin Yates: „Contrast and Unity in the Score of *Ivanhoe*“, in David Eden (Hrsg.): *Sullivan's Ivanhoe*, Saffron Walden 2007, S. 29 – 53; in deutscher Übersetzung in *Sullivan-Journal* Nr. 3 (Juni 2010), S. 33 – 60.

[59] Brooks Kuykendall: „Sullivan, der Musikdramatiker“, in Tadday (s. Anm. 36).

[60] Arthur Jacobs: *Arthur Sullivan – A Victorian Musician*, Aldershot 1992, S. 223.

[61] Georg Knepler: *Musikgeschichte des 19. Jahrhunderts (Band I)*, Berlin 1961, S. 271. Siehe auch Anselm Gerhard: *Die Verstädterung der Oper. Paris und das Musiktheater des 19. Jahrhunderts.* Metzler Verlag 1998.

[62] Heinz Becker (Hrsg.): *Meyerbeer – Briefwechsel und Tagebücher (Band 1)*, Berlin 1960, S. 509.

[63] Siehe Jens Malte Fischer: *Richard Wagners Das Judentum in der*

Musik, Frankfurt am Main 2000.
[64] Vgl. Becker (s. Anm. 62), S. 664.
[65] Vgl. Birgit Pauls: *Giuseppe Verdi und das Risorgimento – Ein politischer Mythos im Prozeß der Nationenbildung*, Berlin 1996.
[66] Brief vom 22. April 1853, zitiert in Hans Busch (Hrsg.): *Verdi-Briefe*, Frankfurt a. M. 1979, S. 50.
[67] Brief vom 20. März 1876, ebd., S. 138.
[68] Brief vom 22. April 1853, ebd., S. 50.
[69] Zur Zensur und anderen Aspekten des damaligen Musiklebens siehe Michael Walter: *„Die Oper ist ein Irrenhaus" – Sozialgeschichte der Oper im 19. Jahrhundert*, Stuttgart 1997.
[70] Briefe vom 22. April 1853 und 14. Dezember 1850, zitiert in Busch (s. Anm. 66), S. 50 und 40.
[71] Brief vom 22. April 1853, ebd. , S. 41.
[72] Ebd., S. 41.
[73] Vgl. Udo Bermbach: *Der Wahn des Gesamtkunstwerks – Richard Wagners politisch-ästhetische Utopie*, Stuttgart 2004.
[74] Richard Wagner: *Oper und Drama – Dritter Teil: Dichtkunst und Tonkunst im Drama der Zukunft* (VII), Leipzig 1852.
[75] *Die Weltbühne*, 21. Februar 1933. Siehe auch: Hartmut Zelinsky: *Richard Wagner – Ein deutsches Thema*, Berlin/Wien 1983; Marc A. Weiner: *Antisemitische Fantasien – Die Musikdramen Richard Wagners*, Berlin 2000.
[76] Siehe die Aufführungsstatistik in David Charlton: *The Cambridge Companion to Grand Opera*, Cambridge 2003, S. 301.
[77] Siehe auch Dietrich Fischer Dieskau: *Wagner und Nietzsche – Der Mystagoge und sein Abtrünniger*, Stuttgart 1974; und Manfred Eger: *Nietzsches Bayreuther Passion*, Freiburg 2001.
[78] Friedrich Nietzsche: „Nietzsche contra Wagner", in Nietzsche: *Der Fall Wagner / Götzen-Dämmerung / Nietzsche contra Wagner*, München 1988, S. 170.
[79] Brief vom Dezember 1888, in ebd., S. 217.
[80] Nietzsche: „Der Fall Wagner", in ebd., S. 11.
[81] Murray Schafer: *British Composers in Interview*, London 1963, S. 120.
[82] Attila Czampai / Dietmar Holland (Hrsg.): *Tosca – Texte, Materialien, Kommentare*, Reinbek 1987, S. 155.
[83] Willi Schuh (Hrsg.): *Richard Strauss – Betrachtungen und Erinnerungen*, Zürich 1981, S. 230.
[84] Michael Walter: „*Elektra* – Germanisches Fortissimo und ästhetische Konstruktion", in Ulrich Tadday (Hrsg.): *Richard Strauss – Der griechische Germane*, München 2005, S. 66 f.
[85] Vgl. Meinhard Saremba: „Vorwärts in die Vergangenheit – Das Mittelalter und die nationale Wiedergeburt im Spiegel der tschechischen Musik", in *Opernwelt*, Januar 2002, S,. 16 – 25.
[86] Bohumír Štědroň (Hrsg.): *Leos Janáček in Briefen und Erinnerungen*, Prag 1955, S. 85.

[87] Ebd.
[88] Helena Čapková: *Moji milí bratri*, Prag 1962.
[89] Svatava Přibáňová: *Hádanka Života*, Brünn 1990, S. 104.
[90] Karl Kraus: *In zweifelhaften Fällen entscheide man sich für das Richtige*, Frankfurt/Leipzig 1996.
[91] Alban Berg: „Wozzeck-Vortrag von 1929", in Attila Czampai/Dietmar Holland (Hrsg.): *Wozzeck – Texte, Materialien, Kommentare*, Reimbek 1985, S. 166.
[92] Ebd., S. 23.
[93] Ebd., S. 174.
[94] Ebd., S. 162.
[95] Bernd Alois Zimmermann: „Drei Szenen aus der Oper Soldaten", in: *Intervall und Zeit* – Aufsätze und Schriften zum Werk, Mainz 1974, S. 94.
[96] Heinrich Lindlar (Hrsg.); *Benjamin Britten*, Bonn/London 1954, S. 10.
[97] Michael Kennedy: *Britten*, London 1981, S. 106.
[98] Ebd., S. 49.
[99] Joseph P. Swain: *The Broadway musical : a critical and musical survey*, New York 1990, S. 345.
[100] Ernst Krause: *Puccini – Beschreibung eines Welterfolgs*, München/Zürich 1986, S. 227 f.
[101] Ebd., S. 234.
[102] Antoin Artaud: „Das Theater der Grausamkeit – Erstes Manifest", in Manfred Brauneck (Hrsg.): *Theater im 20. Jahrhundert*, Reinbek 1991, S. 395 ff.
[103] Antoin Artaud: „Schluss mit den Meisterwerken", in ebd., S. 408 f.
[104] Rihm: *Die Eroberung von Mexiko*, Programmheft der Oper Frankfurt 2000/2001, S. 40.
[105] Dieter Rexroth: *Der Komponist Wolfgang Rihm*, 1985, S. 59 f.
[106] Rihm, Programmheft, S. 37.
[107] Interview mit Nicholas Maw (November 2002), in Maw: *Sophie's Choice*, Programmheft des Royal Opera House Covent Garden 2002/03, S. 22.
[108] Interview mit Simon Rattle, in *Sophie's Choice*, DVD, Opus Arte OA 1024 D.
[109] *Washington Post*, 20. Mai 2009.
[110] Umberto Eco: *Das offene Kunstwerk*, Frankfurt a. M. 1977, S. 84 f.

Oldib Verlag
Einführungen

Anja Stürzer: **Shakespeare**. Einführung.
Armin Staffler: **Augusto Boal**. Einführung.
Oliver Bidlo: **Vilém Flusser**. Einführung.
Frank Weinreich: **Fantasy**. Einführung.
Patrick Peters: **Edda**. Einführung.
Alexanders Berens: **Europa**. Einführung.
Tanja Bidlo: **Theaterpädagogik**. Einführung.

Thepakos+

Interdisziplinäre Zeitschrift für Theater und Theaterpädagogik

Thepakos+ wirft dreimal jährlich einen interdisziplinären Blick auf das Theater und die Theaterpädagogik. Ein solcher Blick greift auf unterschiedliche Disziplinen zurück und wechselt gleichzeitig zwischen Theorie, Praxis und Ästhetik. Als solches finden sich Perspektiven aus der Theaterpädagogik, Soziologie, Philosophie, Pädagogik, Theaterwissenschaft, Germanistik oder der Kommunikationswissenschaft, die sich in unterschiedlichen Beiträgen niederschlagen. Praktische Ausformungen der theaterpädagogischen Arbeit sind – dem Wesen des Faches nach – unerlässlich und zwingend. Somit liegt in der Vermittlung zwischen Theorie und Praxis ein weiteres – neben der Interdisziplinarität – Selbstverständnis der Zeitschrift.